Mercado popular no Brasil:
Abordagens para Geração de Negócios e Casos de Sucesso

Blucher

James Terence Coulter Wright
Renata Giovinazzo Spers

Mercado popular no Brasil:
Abordagens para Geração de Negócios e Casos de Sucesso

Mercado popular no Brasil: abordagens para geração de negócios e casos de sucesso

© 2011 James Terence Coulter Wright, Renata Giovinazzo Spers

Editora Edgard Blücher Ltda.

Blucher

Rua Pedroso Alvarenga, 1245, 4º andar
04531-012 – São Paulo – SP – Brasil
Tel.: 55 11 3078-5366
editora@blucher.com.br
www.blucher.com.br

Segundo o Novo Acordo Ortográfico, conforme 5. ed. do *Vocabulário Ortográfico da Língua Portuguesa*, Academia Brasileira de Letras, março de 2009

É proibida a reprodução total ou parcial por quaisquer meios, sem autorização escrita da Editora.

Todos os direitos reservados pela Editora Edgard Blücher Ltda.

Ficha Catalográfica

Wright, James Terence Coulter
 Mercado popular no Brasil: abordagens para geração de negócios e casos de sucesso / James Terence Coulter Wright, Renata Giovinazzo Spers. – São Paulo: Blucher, 2011.

Bibliografia
ISBN 978-85-212-0598-2

 1. Bens populares 2. Consumo popular (Economia) 3. Negócios 4. Oportunidade 5. Produtos -Desenvolvimento 6. Sucesso em negócios I. Spers, Renata Giovanazzo. II. Título.

11-03218   CDD-650.1

  Índices para catálogo sistemático:
1. Mercado popular: Produtos e serviços:
Oportunidades: Sucesso em negócios:
Administração   650.1

Prefácio

Este é um livro formidável, porque promove a nova fronteira dos negócios brasileiros – o mercado de bens e serviços populares – com os quais o Brasil poderá desenvolver uma *expertise* capaz de alavancar seus negócios internacionais. Para poder penetrar em novos mercados o livro mostra o mapa da mina, mapa que faltava a Vasco da Gama.

Portugal teimou durante quase um século até conseguir descobrir a rota oceânica para a Índia. Camões cantou a empreitada, louvando a Deus, aos exploradores e à aristocracia. O que não é tão sabido é que os indianos não ficaram nada impressionados quando Vasco da Gama mostrou o que trazia com ele para comerciar.

Portugal, afastado dos séculos de trocas no Mar Mediterrâneo, não conhecia ao certo o que os mercadores muçulmanos compravam dos venezianos e genoveses; daí que, ao chegar a Calicute, Vasco da Gama descobria a rota às Índias, mas sem conhecer a demanda do mercado que almejara.

Mas os comerciantes portugueses, movidos pelos grandes lucros a realizar, aprenderam rapidamente e Portugal se converteu num grande entreposto comercial. Sua burguesia comercial galgou posições na estrutura do poder português, ao ponto de Dom João, quando acuado por Napoleão, tomar uma decisão mais própria de comerciantes do que de aristocratas: mudou a sede da matriz para o Brasil. Quando no Rio de Janeiro, Dom João vendeu mais títulos nobiliários aos cariocas do que todos seus antecessores em Portugal. Tamanha é a revolução que a descoberta de um novo mercado pode trazer no seu bojo: em Portugal, ela transformou a realeza em mascates.

Quem sabe se a descoberta do mercado do andar de baixo venha a ser a Calicute do mundo empresarial brasileiro?

O estilo de desenvolvimento brasileiro concentrou o poder e a distribuição de renda e orientou a produção industrial a atender os desejos dos poucos que podiam pagar por eles. Como os desejos destes eram forjados alhures, os produtos fabricados atendiam uma demanda que não era a da maioria. Ficamos então com um mercado relativamente pequeno para o tamanho do país. Como os nossos empresários estavam divorciados dos do andar de baixo, não aprendemos a produzir para eles, assim como também não aprendemos a produzir para as maiorias de muitos países como o nosso. O divórcio doméstico nos condenou a copiar produtos e modelos de negócios dos países avançados, sem descobrirmos as rotas aos mercados de maiorias como as nossas.

O curioso é que não só não desenvolvemos produtos ou serviços capazes de interessar ao fundo da pirâmide dos outros países, como sequer nos perguntamos que produtos poderiam precisar se decidíssemos nos lançar ao exterior. Isto aconteceu porque boa parte dos nossos administradores não foi treinada para fazer essa pergunta. Basta olhar para o conteúdo da maioria dos cursos brasileiros sobre expansão internacional; eles preconizam os mesmos estágios de internacionalização: exportação, licenciamento, *joint ventures* etc. Nossos cursos assumem que a internacionalização das nossas empresas se dará da mesma forma que a dos países avançados, sem se questionar quanto aos produtos a serem vendidos. Isto é, sem sermos parte dos países avançados que se beneficiam de projetar os desejos pelos seus produtos, no Brasil assumimos que vale para nós o mesmo paradigma que o dos países avançados. Bastaria vender o que produzimos aqui e poderíamos concorrer via preço com os mesmos produtos deles. Quem sabe, por isso, a nossa expansão internacional tenha sido tão tímida quando tardia.

O divórcio entre a nossa capacidade produtiva e a demanda do andar de baixo foi de tal magnitude que se argumenta que não haja, sequer nas empresas de publicidade, quem saiba dialogar com os consumidores do andar de baixo. Por isto, podemos assemelhar a expansão do mercado para incluir o fundo da pirâmide a uma expansão internacional, porque carecemos de informação sobre o mercado, como Vasco da Gama carecia de informação sobre o que se transacionava em Calicute.

Afortunadamente, porém, já não é tão assim. O professor James Wright, há um par de décadas, vem argumentando que o futuro dos negócios no Brasil está no andar de baixo. Nisto, antecipou-se até ao ilustre finado Prahalad. Inicialmente solitário, Wright foi angariando adeptos, pesquisadores dedicados como Renata Spers e outros, e ao longo do tempo essa equipe foi desvendando os casos de reorientação da produção para o fundo da pirâmide e, através deles, ensinando aos seus alunos na USP e na FIA o grande potencial desse mercado.

Necessita-se muito esforço para entender quem vende o que para quem e como, mas este livro magnífico ajudará os nossos administradores a encurtar

Prefácio

etapas e aos estudantes de administração poderá mostrar um mapa para enfrentar novos desafios. No livro, após uma bela introdução da teoria por trás da mudança, os casos brasileiros são minuciosamente destrinchados.

O livro estrutura sua apresentação dos casos ilustrando a importância dos bens populares, seguidos do desenvolvimento de bens populares e conclui com um olhar para o futuro dos bens populares no Brasil, tecendo, inclusive, conclusão sobre políticas públicas, tema longamente abandonado entre nossos economistas tupiniquins, que parecem ter esquecido que as economias hoje avançadas forjaram-se alicerçadas em políticas públicas.

Entre os casos dos bens populares, é emblemática a análise das Casas Bahia, líder na distribuição de produtos entre as camadas populares. Esse caso ensina a estratégia de vendas e distribuição que assegurou às Casas Bahia sua atual proeminência.

Painkiller mostra um caso de metamorfose. Não era um produto precisamente popular, mas seus gestores, vendo que perdiam espaço para os concorrentes, queriam entrar com ele no mercado popular, aproveitando o reconhecimento da sua marca entre os consumidores. Viver com dores parecia ser a condição de quem não podia pagar por analgésicos efetivos. Pelo menos isto é o que poderíamos concluir do crescimento vertiginoso da demanda deles no esteio do Plano Real. Demanda por analgésicos havia, o que não havia era Painkiller alcançável.

Mas nem as Casas Bahia nem Painkiller desenvolviam produtos para as camadas populares, apenas mostraram como comercializá-los. Casos de desenvolvimento mesmo são os do perfume Amor Selvagem, Biscoitos Festiva e a aposta da Nestlé.

O perfume da Anantha exigiu passar por todas as etapas do desenvolvimento de um novo produto focado nas camadas populares. Desde a pesquisa da demanda pelo tipo de fragrância desejada quanto ao posicionamento, preço, embalagem e a publicidade associada a uma conhecida dupla sertaneja, muito apropriada para uma camada composta de imigrantes rurais recentes, romanticamente saudosos das terras que tinham deixado para trás. O caso Anantha é muito importante porque também ilustra como ganhar espaço entre as camadas mais abastadas uma vez que a empresa ganhou força ao abocanhar uma fatia considerável do mercado popular. Isto é, o mercado popular pode ser uma forma de se fortalecer para então abocanhar o andar de cima e eventualmente exportar.

Os biscoitos Festiva são mais um caso de produto desenhado para o fundo da pirâmide. Isso não impediu de inovar com sabores não tradicionais, inclusive o primeiro biscoito *diet*. Optando por embalagens menores e operando exclusivamente através de canais de varejistas, a biscoitos Festiva iniciou suas operações cobrando quase a metade do que os concorrentes multinacionais.

Naturalmente, grandes multinacionais como a Nestlé, marca líder no Brasil, procurariam defender sua fatia de mercado, rebaixando seus preços e introduzindo marcas concorrentes, como o fez a Nestlé com a marca Bônus. Mas gerir marcas para o mercado B drenaria recursos da Nestlé, que estimou que precisaria de duas organizações compartilhando apenas áreas como informática e logística. A marca Bônus durou pouco.

O livro ainda discute casos como o de serviços bancários populares, dos quais há vários, mas se concentra no Lemon Bank, por ser privado e voltado exclusivamente ao setor popular, contando já com mais de 4 milhões de clientes.

Ainda compreendendo a importância das políticas públicas para fomentar a inclusão social, o livro discute a distribuição de um *laptop* por aluno como política educacional.

É um livro muito informativo, muito bem documentado e muito inovador, no sentido de que aponta para o desenvolvimento de uma nova fronteira de crescimento dos negócios no Brasil, que poderá fortalecer nosso perfil exportador entre os bens e serviços de maior valor adicionado. Também estaremos promovendo a inclusão social, porque, ao produzir para as classes populares, estaremos promovendo a contratação dos seus integrantes.

Prof. Dr. Alfredo Behrens

Conteúdo

Introdução: 11
    O mundo é popular   11
    Conceito fundamental: bens populares geram lucros   12
    Referências bibliográficas   15

Capítulo 1 – A importância dos bens populares   17
    A participação das classes populares na economia   17
    O esgotamento do modelo de concentração de renda   20
    O desempenho e a estratégia das empresas com focos nos mercados C, D e E   21
    Referências bibliográficas   26
    Casos   30
    Casas Bahia – Lucrativa e sustentável   30
    Painkiller – Medicamento de marca para a população de baixa renda   44

Capítulo 2 – O desenvolvimento de produtos e serviços populares   59
    A inovação e a competitividade das empresas   59
    A concorrência com base em preço e a busca por diferenciação no segmento popular   62
    Preço, tecnologia, qualidade e sustentabilidade no mercado popular   63

Referências bibliográficas 65
Casos 66
Anantha – O perfume Amor Selvagem 66
Biscoitos Festiva – Aposta nas *b-brands* 77
Desenvolvimento de produto para a baixa renda na Nestlé Brasil 88

Capítulo 3 – O futuro dos bens populares 97
Uma política industrial para o Brasil e os bens populares 97
Objetivos da nação e os bens populares 98
Referência bibliográfica 99
Casos 100
Lemon Bank – O banco de todo brasileiro 100
O projeto *One laptop per child* e a realidade da educação pública no Brasil 124

Considerações finais 143
Estratégia de internacionalização para mercados populares internacionais 143

Introdução

O mundo é popular

A importância do tema "base da pirâmide" ganhou reconhecimento global com o excelente livro de C. K. Prahalad, *A riqueza na base da pirâmide* (2005). O professor Prahalad, precocemente falecido aos 69 anos de idade, em abril de 2010, acreditava que existe uma grande oportunidade para empresas, governos, ONGs e quatro bilhões de pessoas das camadas mais pobres da sociedade unirem esforços para criar produtos e serviços concebidos para incluir as populações mais pobres do planeta como empresários, trabalhadores e consumidores.

No Brasil, o Programa de Estudos do Futuro (Profuturo), um grupo de pesquisas da Universidade de São Paulo e da Fundação Instituto de Administração, publica trabalhos sobre este tema desde 1984, inicialmente voltados para a área de telecomunicações, nos quais é proposto o desenvolvimento de produtos e serviços para atender aos mais de 70% dos brasileiros que não tinham acesso ao telefone. No início dos anos 1990, expandimos essa proposta com a formação de estratégia para a oferta de serviços, bens duráveis, turismo e diversos serviços públicos, como a educação e o "Poupa Tempo" em São Paulo.

Inicialmente, a proposição de orientar estrategicamente os negócios para os "bens populares" (anos depois, conhecida como "base da pirâmide") foi frequentemente recebida com ressalva nos círculos mais conservadores da indústria e do meio acadêmico brasileiro. "Precisamos criar produtos modernos, não coisas defasadas" e "fazer produtos populares é um retrocesso" foram algumas reações iniciais de representantes dos setores industrial e acadêmico.

Insistimos com pesquisas, palestras, aulas e artigos sobre as oportunidades dos bens populares e, paulatinamente, os empresários foram se convencendo e experimentando abordagens práticas, lançando produtos e serviços orientados para atender aos esquecidos e incompreendidos consumidores de baixa renda.

Este livro apresenta os principais conceitos que embasam essa transformação e diversos casos de transformação estratégica em que empresas brasileiras reorientaram sua atuação para oferecer produtos e serviços adequados às características e aspirações desses consumidores.

A seguir apresentamos alguns dos conceitos fundamentais que sustentam a proposta de atuar com bens populares; apresentamos também as oportunidades nacionais e internacionais nesse campo, em que os administradores brasileiros desenvolveram competência, conhecimento e experiência superiores aos de seus concorrentes do exterior. Procuramos, ainda, definir um roteiro de pontos críticos a considerar no desenvolvimento de produtos populares, que servirá como referência para análise dos casos apresentados.

Conceito fundamental: bens populares geram lucros

Existe no Brasil uma concepção equivocada de que o consumo popular só tornou-se importante após o Plano Real, instituído em 1994, e a consequente estabilização da moeda. Não é verdade, tanto que publicamos no Profuturo as primeiras propostas de produtos populares dez anos antes, em 1984, e 21 anos antes de Prahalad popularizar o conceito nos Estados Unidos e no mundo. As tendências econômicas, políticas e sociais que impulsionariam o consumo das classes de menor renda já estavam atuando no Brasil no início dos anos 1980, e foram caracterizadas nos trabalhos pioneiros de prospecção de cenários futuros de telecomunicações que fizemos para o sistema Telebrás, em 1984. Certamente, o Plano Cruzado, de 1986, o Plano Real, de 1994, os programas sociais do governo Fernando Henrique Cardoso e o programa "Bolsa Família" do governo Lula reforçaram essas tendências. Mas a evolução futura do consumo popular era perfeitamente previsível, e foi mapeada pelo Profuturo por meio de técnicas de extrapolação de tendências, mapas de rotas tecnológicas, previsões Delphi e cenários de diversos setores econômicos ao longo de toda a segunda metade dos anos 1980 e ao longo dos anos 1990.

As empresas se engajaram e os mercados responderam, com cada vez mais vigor, à oferta de bens e serviços populares, com forte crescimento no início do século XXI.

Antecipando-se e indo tecnicamente muito além dos relatos de casos apresentados por Prahalad em seu livro, pesquisas realizadas na Universidade de São Paulo analisaram o desempenho financeiro de 75 empresas de bens de consumo entre as 500 maiores empresas do Brasil, e mostraram que aqueles que se dedicaram aos mercados populares (classes C, D, E) cresceram mais e foram mais lucrativas do que as empresas congêneres que atuaram nos mercados de classes A e B (SPERS, 2003).

Introdução

Em 2001, o economista Jim O'Neill cunhou o termo Bric's para designar os quatros grandes países em desenvolvimento, Brasil, Rússia, Índia e China, que, segundo seus modelos econométricos, ganhariam importância econômica crescente no mundo, equiparando-se, em termos de PIB, aos países industrializados do G-6 ao longo dos 30 anos seguintes. Os Bric's, com sua população emergindo da pobreza, evidentemente seriam uma grande fonte de oportunidade de mercados da base da pirâmide nesse período, pois, apesar de o crescimento absoluto acelerando, a renda *per capita* nesses países ainda seria significativamente mais baixa do que a dos países do G-6.

As pesquisas realizadas na USP e no Profuturo novamente se anteciparam e mostraram que as oportunidades para as empresas brasileiras em bens populares vão muito além das que existem nos Bric's. Cardoso (2005) pesquisou as "distâncias" econômicas, geográficas, culturais e administrativo-jurídicas entre o Brasil e diversos países com grandes populações de baixa renda e potencial de consumo de bens populares. Ele constatou que há muitos países que apresentam grandes populações, distâncias geográficas, culturais e institucionais razoáveis, além de uma dinâmica econômica tal que faz com que grandes massas de consumidores estejam aptas a consumir bens populares.

Além dos Bric's, países como México, Colômbia, Venezuela, Filipinas, Nigéria, Egito, África do Sul, Malásia e outros apresentam grandes grupos populacionais que estão emergindo da pobreza, transitando por uma faixa de crescimento de renda na qual mudam drasticamente os padrões de consumo.

O consumo de alimentos, carnes, eletrodomésticos, entretenimento, lazer, turismo, bem como de serviços pessoais e de transporte, saúde, higiene e limpeza, mudaria de forma não linear com a evolução da renda *per capita* na faixa de US$ 1.000 a US$ 5.000 por ano, gerando enormes oportunidades para a oferta de bens e serviços populares nesses países que estão emergindo da situação de pobreza.

As estimativas da ONU são de que mais 90% do crescimento populacional do mundo nos próximos 30 anos se dará nos países em desenvolvimento, e é neles que vamos encontrar a nova classe média consumidora e os principais mercados emergentes do mundo.

No entanto, a concepção de bens e serviços para esse público requer novas posturas e exige o abandono de preconceitos tradicionais sobre o consumidor de baixa renda. Segundo Prahalad (2005), os consumidores da base da pirâmide são altamente conectados e, portanto, informados. Dispõem de telefones celulares, acesso a *e-mail* e internet, utilizam cartões eletrônicos, além de se informarem por rádio e televisão. Têm surpreendente facilidade para adotar novas tecnologias, e são cuidadosos nas decisões de compra, pois estas frequentemente têm grande importância relativa ao status e patrimônio familiar.

Pesquisas de opinião e *focus groups* realizados em 2008 por alunos de curso de pós-graduação do Profuturo, com consumidores de baixa renda, reforçam essas observações sobre o público de menor renda. Esses consumidores têm forte consciência de valor, marca e preço dos produtos e serviços, adequando suas decisões de compra ao orçamento familiar e aos atributos tangíveis e intangíveis dos produtos adquiridos.

O acesso ao produto e ao serviço ofertado, a distribuição adequada (muitas vezes para clientes que não dispõem de automóveis ou outros meios de transportes), a robustez e confiabilidade, o uso adequado de tecnologia avançada, a eliminação de elementos que gerem custos supérfluos e, quando aplicável, a possibilidade de manutenção acessível são atributos importantes de produtos concebidos para a população de baixa renda (WRIGHT, 1993).

A adequação ao meio ambiente e a segurança, a durabilidade e a possibilidade de criação de um mercado secundário são considerações importantes, assim como um adequado fracionamento das embalagens e/ou sistema de venda condizente com o poder aquisitivo e o fluxo de caixa de um público que frequentemente não dispõe de um emprego formal.

É necessário, ainda, que o projeto de produtos e serviços seja feito com a preocupação de minimizar custos de processo produtivo, aproveitando peças padronizadas e modelos comuns que permitam ganhos de escala.

Por fim, é importante lembrar que a criação de uma linha ou marca popular de produtos e serviços serve como fator de proteção, inibindo a entrada de concorrentes pelas camadas "inferiores" do mercado, a partir das quais podem ganhar escala, evoluir na curva de experiência, e desafiar os líderes nos níveis mais lucrativos dos produtos de maior valor agregado (SLYWOTZKY e MORRISON, 1998).

Assim, o desafio de atuar no setor de bens populares é grande; atender aos mercados classe "A", com menor volume e altas margens, é relativamente mais fácil do que disputar um mercado de altos volumes, preços baixos e margens estreitas. Este último requer competência, eficiência, disciplina, organizações enxutas, rigor na gestão de custos e investimento permanente em ativos produtivos atualizados.

Não fazer esse esforço significa perder oportunidades, e pior, abrir espaço para os concorrentes crescerem. Assim, na maioria das indústrias do mundo emergente, atuar nos mercados de bens populares representa uma oportunidade de crescer e lucrar, mas não fazer esse esforço será um convite ao fracasso.

Os casos que apresentamos a seguir mostram como diferentes empresas brasileiras enfrentam tal desafio com criatividade e competência. Esperamos que a leitura desses casos estimule a capacidade do leitor para aplicar esses conceitos e sua experiência ao seu setor, gerando produtos e serviços de qualidade para esse grande público, e dando sua contribuição para a geração de empregos e renda, assim como para o tratamento digno da enorme camada de consumidores emergentes.

Referências bibliográficas

CARDOSO, M. V. *O mercado internacional de bens populares*: um mapeamento dos mercados potenciais para empresas brasileiras. 2005. 199 p. Dissertação (Mestrado em Administração de Empresas) – Faculdade de Economia, Administração e Contabilidade da Universidade de São Paulo (USP), São Paulo.

PRAHALAD, C. K. *A riqueza na base da pirâmide*: como erradicar a pobreza com o lucro. Porto Alegre: Bookman, 2005.

SLYWOTZKY, A. J.; MORRISON, D. J. A estratégia focada no lucro. *Profit zone*: desvendando os segredos da lucratividade. Rio de Janeiro: Campus, 1998.

GIOVINAZZO, RENATA A. *Um estudo sobre o desempenho e a estratégia das empresas que atuam no mercado de bens populares no Brasil*. 2003. 136 p. Dissertação (Mestrado em Administração de Empresas) – Faculdade de Economia, Administração e Contabilidade da Universidade de São Paulo (USP), São Paulo.

WRIGHT, J. T. C. De volta ao fusca ou uma nova política industrial? *O Estado de S. Paulo*, São Paulo, 1993. Caderno Economia, p. 2.

1
A importância dos bens populares

A participação das classes populares na economia

Até pouco tempo, o potencial de consumo nas classes populares vinha sendo ignorado pela maioria das empresas. Não apenas no Brasil, mas em âmbito internacional, o foco das organizações estava na riqueza dos mercados de alta renda. Porém, mais recentemente, a atuação junto aos mercados da base da pirâmide vem crescendo e ganhando importância, e um número cada vez maior de organizações passou a reconhecer e explorar a enorme oportunidade gerada no mercado de baixa renda.[1]

Essa importância crescente das classes populares vem sendo comprovada pelo maior acesso dessa população ao consumo de bens e serviços, e pelos inúmeros casos de sucesso de empresas atuando nesse mercado, que têm se destacado na mídia e sido analisados no ambiente acadêmico.

Apesar do maior foco dado ao mercado popular, tanto pelas empresas como pela academia, ainda há uma dificuldade para se definir quem é o consumidor de baixa renda, no Brasil e no exterior. Em seu trabalho, Prado (2008) realizou um esforço para buscar na literatura acadêmica brasileira a classificação de mercado popular, concluindo que não há consenso quanto a essa classificação, podendo estar relacionada ao Critério Brasil; à quantidade de salários mínimos; e à própria compreensão de cada autor acerca da formação do mercado de baixa renda no Brasil.

---

[1] Segundo os autores Wright (1993); Hart e Milstein (1999); Prahalad e Hart (2002); London e Hart (2004) e Prahalad (2005).

Tabela 1.1 Baixa renda em trabalhos acadêmicos brasileiros

Autores	Classificação
Schneider (1978)	Renda familiar mensal de até cinco salários mínimos
Arruda (1981); Zamith (1993); Alves (2006); Reis (2006)	Renda familiar mensal inferior ou igual a três salários mínimos
Giovinazzo (2003); Issa Jr. (2004); Barki (2005); Spers e Wright (2006)	Classes econômicas C (renda familiar mensal entre quatro e dez salários mínimos) e D e E (renda familiar mensal inferior a quatro salários mínimos)
Marques (2004); Lima, Gosling e Matos (2008)	Classes econômicas C e D
Mattoso e Rocha (2005); Mattoso (2005); Castilhos (2007)	Local de moradia
Parente, Barki e Kato (2007)	Renda familiar inferior a R$ 1.200,00. Esse valor representava, na época em que o estudo foi realizado, quatro salários mínimos
Moura et al. (2006); Ponchio, Aranha e Todd (2006); Ponchio e Aranha (2007)	Renda familiar mensal abaixo de quatro salários mínimos
Assad e Arruda (2006)	Classes econômicas D e E, com renda familiar mensal inferior a quatro salários mínimos
Barros (2006a); Barros e Rocha (2007)	Grupo de empregadas domésticas moradoras de bairros da Baixada Fluminense, estado do Rio de Janeiro
Barros (2006b)	Definição pela lógica da "falta": por não terem os bens necessários para incluí-los plenamente na sociedade do consumo, acabaram sendo desqualificados como consumidores
Chen (2006); Moreira (2006); Veloso e Hildebrand (2006); Veloso, Hildebrand e Daré (2008)	Classes econômicas C, D e E
Sobral et al. (2006); Parente, Barki e Kato (2007)	Renda familiar inferior a dez salários mínimos
Silva e Parente (2007)	Renda familiar mensal entre dois e cinco salários mínimos
Monteiro, Silva e Ladeira (2008)	Renda familiar inferior a R$ 1.000,00

Fonte: Prado (2008).

No Brasil, podemos considerar os consumidores das classes populares aqueles pertencentes às classes C, D e E – aquelas compostas por famílias cuja renda média mensal é inferior a dez salários mínimos. Representam, atualmente, 85%[2] da população brasileira e vêm ganhando importância social enquanto mercado consumidor, pois são responsáveis, por exemplo, por 72% do consumo

---

[2] Cetelem (2008).

A importância dos bens populares

de alimentos.[3] São muito expressivas na estrutura econômica brasileira e, desde 2001, é possível notar um aumento do número de famílias que podem ser incluídas nesse grupo, além de uma forte tendência de aumento da população na faixa de renda de dois a cinco salários mínimos mensais, passando de 30% em 2001 para 46% em 2007.[4]

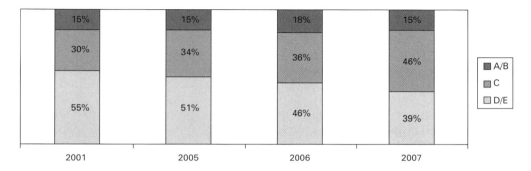

Figura 1.1 Evolução das classes de renda no Brasil, no período compreendido entre 2001 e 2007.
Fonte: Tabela elaborada pelos autores a partir de dados do IBGE (2006).

Tabela 1.2 Síntese do percentual de despesa e tamanho dos mercados nos principais setores de dispêndio das famílias brasileiras da base da pirâmide

	Principais alocações do orçamento	Tamanho do mercado nos principais setores (em bilhões)
Faixa 1 – até dois salários mínimos	Habitação – 37,2% Alimentação – 32,7% Transporte – 8,2% Vestuário – 5,3% Assistência à saúde – 4,1%	R$ 46,2 R$ 40,7 R$ 10,1 R$ 6,6 R$ 5,1
Faixa 2 – mais de dois a três salários mínimos	Habitação – 36,8% Alimentação – 29,8% Transporte – 8,6% Vestuário – 5,7% Assistência à saúde – 4,7%	R$ 39 R$ 31,5 R$ 9,1 R$ 6,0 R$ 4,9
Faixa 3 – mais de três a cinco salários mínimos	Habitação – 35,9% Alimentação – 25,4% Transporte – 10,9% Vestuário – 5,8% Assistência à saúde – 5,0%	R$ 60,9 R$ 43,2 R$ 18,5 R$ 9,8 R$ 8,4
Faixa 4 – mais de cinco a dez salários mínimos	Habitação – 32,7% Alimentação – 21% Transporte – 13,4% Vestuário – 5,7% Assistência à saúde – 5,2%	R$ 81,1 R$ 52 R$ 33,2 R$ 14 R$ 13

Fonte: Tabela elaborada pelos autores a partir de dados do IBGE (2006).

---

[3] Segundo estudo do Data Popular, Consultoria & Pesquisa (2007).
[4] Fonte: Profuturo (a partir da consolidação de dados da Cetelem, 2008).

Comparados com as outras classes, os consumidores da base da pirâmide apresentam um padrão de consumo focado na satisfação de necessidades básicas, com o setor de alimentação capturando a maior parte da renda dessa população, seguida por energia, habitação e transporte.

O esgotamento do modelo de concentração de renda

Os mercados que sempre foram visados pelas grandes empresas – em geral compostos pelas classes A e B – estão, em sua maioria, saturados. Pesquisadores apontam para a população da baixa renda como sendo a força motriz da próxima etapa global de prosperidade. Se adequadamente trabalhado, esse mercado ainda pouco explorado é capaz de gerar um enorme potencial de riqueza para as empresas. Ao mesmo tempo, essas empresas podem disponibilizar para as camadas populares produtos e serviços que antes eram impensáveis, estabelecendo-se para ambas as partes uma relação ganha–ganha sustentável. É um número expressivo de consumidores em potencial que, se inseridos no mercado da relação de consumo, podem gerar uma explosão de riquezas e, consequentemente, inclusão e bem-estar social. Esse é o grupo de consumidores que vem sendo denominado de "base da pirâmide".

A pirâmide mundial

A definição de pirâmide econômica utiliza o conceito de camadas de consumo, com base na renda anual *per capita* do indivíduo ou unidade familiar, extrapolada a partir da paridade do poder aquisitivo nos Estados Unidos.[5] No topo da pirâmide encontra-se a camada 1, onde estão entre 75 e 100 milhões de consumidores com renda *per capita* anual superior a US$ 20 mil, os mais ricos do mundo (classe alta e média dos países desenvolvidos e as elites dos países em desenvolvimento). Nas camadas 2 e 3, com renda *per capita* anual que varia entre US$ 20 mil e US$ 1,5 mil, encontram-se os consumidores pobres dos países desenvolvidos e a classe média dos países em desenvolvimento, um universo de 1 bilhão e 750 milhões de indivíduos.

Na base da pirâmide, a camada 4, estão 4 bilhões de indivíduos com renda anual *per capita* inferior a US$ 1,5 mil. Destes, cerca de 1 bilhão vivem abaixo da linha da pobreza (renda *per capita* inferior a 1 dólar por dia). No Brasil, aproximadamente 156,4 milhões de pessoas se enquadram na população de baixa renda, sendo 84,6 milhões pertencentes à classe C e 71,8 milhões às classes D/E.

Existem diversos exemplos de empresas trabalhando para atender à população da base da pirâmide, em setores como construção civil, varejo, sistema bancário, área médica, energia, bens de consumo e bens duráveis. Várias empresas, incluindo grandes multinacionais, anteriormente focadas nos segmentos de alta renda, têm passado a desenhar estratégias específicas, que incluem até mesmo o desenvolvimento de novos produtos focados na base da pirâmide.

---

[5] Prahalad (2005).

Podemos citar, como exemplo, a Companhia Brasileira de Distribuição que, com a rede Pão de Açúcar, atende às camadas A e B e, com a rede de supermercados CompreBem, dedica-se às classes C, D e E. Provedores de telecomunicações como a Tim, a Claro ou a Vivo, outro caso conhecido, desenvolveram um lucrativo mercado de celulares pré-pagos, que inclui compra facilitada de aparelhos.

Em 2005, quando o PIB do País teve uma pequena alta de 2,3%, todas as classes socioeconômicas brasileiras registraram ganhos no consumo. A diferença foi a intensidade desse crescimento, segundo levantamento anual da consultoria Latin Panel.[6] Nesse ano, a classe C, com renda mensal familiar entre quatro e 10 salários mínimos, comprou e gastou mais. "Isso só aconteceu porque essa turma se endividou para gastar", explica a consultoria.

A expansão na quantidade de itens comprados nas lojas por esses consumidores C foi de 7%. Quanto ao gasto médio, a alta foi de 10% em relação a 2004 (nominal). Na média, todas as classes sociais (de A até E) registraram elevação de 6% no volume adquirido e de 9% no montante gasto no ano anterior – abaixo, portanto, do desempenho do grupo de consumidores da classe C (Mattos, 2006).

Pelas contas dos pesquisadores da Latin Panel, enquanto o topo da pirâmide social (classes A e B) gasta por mês em compras R$ 2.256, sua renda está bem acima disso. Portanto, a conta "fecha". Já quem está no meio da pirâmide (classe C) recebe R$ 1.255,00 mensais e desembolsa R$ 1.369,00. Ou seja: falta dinheiro. "Esse grupo recebe como classe C e pensa e gasta como A. Sem saída, acaba se endividando", explica o relatório da consultoria.[7] Para acomodar a diferença entre despesas e rendimento, a classe média brasileira está com mais dívidas em comparação aos dois extremos da pirâmide, as classes A e E.

Mesmo tendo de recorrer a mecanismos de crédito para consumir, é inegável que a elevação na renda ajudou a população a gastar mais. O IBGE apurou elevação de 2% no rendimento real em 2005. Pela análise da Latin Panel, a alta foi de 4%. Mais de 1,8 milhão de lares, que não compravam nenhuma das 71 categorias pesquisadas, voltou a consumi-las – ou o fez pela primeira vez – em 2005. Cerca de 300 mil domicílios retornaram ao mercado por causa das promoções no comércio.

O desempenho e a estratégia das empresas com focos nos mercados C, D e E

Para atingir o mercado formado pelas classes populares, muitas empresas optam em oferecer produtos ou serviços populares. Mas o que é um bem popular? Seria simplista imaginar que é apenas um produto ou serviço desenvolvido

---

[6] Mattos (2006). Foram pesquisados 35 milhões de domicílios no País em 71 categorias de produtos em julho e agosto de 2005.

[7] Mattos (2006).

para um segmento de renda mais baixa. Na realidade, os bens populares são aqueles posicionados, predominantemente, para as classes C, D e E, cujo efeito-renda é negativo.[8] Um acréscimo na renda dos consumidores em geral ocasiona a substituição desse bem por um não popular. Por outro lado, um bem ou marca "normal" é aquele cujo efeito-renda é positivo, ou seja, um aumento na renda deve provocar um aumento no consumo do bem ou da marca consumida. Isso significa que há uma tendência de os consumidores de baixa renda passarem a consumir produtos de marcas consagradas, ou mais diferenciados, ao terem um acréscimo de renda. Daí o grande desafio das empresas com foco no mercado popular em gerar produtos e serviços com características e preços adequados à população de baixa renda e também fidelizar esses consumidores, para que mantenham ou aumentem o consumo dos bens populares, no caso de um aumento de suas rendas.

Os mercados populares exigem estratégias diferenciadas. Por isso, alguns pesquisadores acreditam que, para o sucesso na atuação nas economias de baixa renda, são fundamentais alianças e parcerias.[9] Outros estudiosos afirmam que, nesses mercados, as relações são fundadas principalmente nos contratos sociais, e as organizações com mais experiência e conhecimento em atender a esse público têm uma orientação social forte. Por isso, empresas interessadas em focar nesse segmento precisam adquirir capacidade de entender e apreciar os benefícios de uma infraestrutura social existente.[10] A ideia de que os primeiros entrantes têm sempre vantagens deve ser vista com cautela, uma vez que o mérito de suas estratégias em comparação às dos entrantes tardios precisa ser avaliado com complexas análises, dadas as especificidades do mercado.[11]

Uma questão central em estratégia competitiva é a posição relativa de uma empresa dentro de seu setor.[12] O posicionamento é um fator importante para determinar se a rentabilidade ficará abaixo ou acima da média do setor. Uma empresa capaz de posicionar-se bem diante da concorrência pode obter altas taxas de retorno, mesmo que a rentabilidade média do setor seja modesta.

Embora uma empresa possa ter inúmeros pontos fortes e fracos na comparação com seus concorrentes, existem dois tipos básicos de vantagem competitiva que uma empresa pode possuir: baixos custos e diferenciação. Os dois tipos básicos de vantagem competitiva, combinados com o escopo de atividades para

---

[8] Definição dada por Giovinazzo (2003), a partir dos conceitos econômicos discutidos pelos autores Pindyck e Rubinfeld (1994), Ferguson (1993) e Varian (1994).
[9] London e Hart (2004), Ricart et al. (2004), Peng e Luo (2000) e Khanna e Rivkin (2001).
[10] De Soto (2000) e Choi, Lee e Millar (1999).
[11] Kircsh et al. (2000) e Cui e Lui (2005).
[12] Porter (1989).

as quais uma empresa procura obtê-los, levam a três estratégias genéricas para alcançar o desempenho acima da média em um setor:
- liderança em custo;
- liderança em diferenciação;
- enfoque, que pode ser no custo ou na diferenciação.

Conceitualmente, pode-se dizer que empresas que atuam – ou pretendem atuar – no segmento de bens populares devem ter uma vantagem competitiva em custos para poder praticar preços mais baixos, com produtos menos sofisticados, embora com qualidade tal que satisfaça as necessidades do consumidor que prioriza preço como atributo principal do bem.

As fontes de vantagem em custo podem advir da busca de economias de escala, tecnologia patenteada, acesso preferencial a matérias-primas e outros fatores. Um produtor de baixo custo deve descobrir e explorar todas as fontes de vantagem de custo, quase sempre oferecendo produtos mais simples, dando uma ênfase considerável à obtenção de vantagens de custo absoluto e de escala em todas as fontes. Com preços equivalentes ou inferiores ao praticado por seus rivais, a posição de baixo custo de um líder no custo traduz-se em retornos mais altos. Seja qual for o posicionamento da empresa, para ser bem-sucedida ela deve apresentar uma consistência em suas dimensões estratégicas de especialização, diferenciação da marca, política de canal, atendimento, política de preço, qualidade, liderança tecnológica e custos.

Não basta à empresa lançar um produto de baixo preço. É preciso ter qualidade. Certos fatores são importantes para que a empresa esteja capacitada para concorrer e, mais do que isso, vencer nesse mercado de baixa renda:[13]
- investir agressivamente em instalações com eficiência de escala;
- perseguir vigorosamente a redução de custo pela aprendizagem;
- manter um controle rígido do custo e das despesas gerais, com a manutenção permanente do foco no público-alvo central.

Também devem ser incluídos nesse rol a minimização do custo em áreas como pesquisa e desenvolvimento (P&D), assistência técnica, força de vendas e publicidade. Para se atingir essas metas, exige-se uma intensa atenção administrativa ao controle dos custos, buscando sempre obter um custo mais baixo que o dos concorrentes, viabilizando a lucratividade nesse segmento, mesmo com preços iguais ou inferiores aos dos concorrentes.

Para atingir uma posição vantajosa com essa estratégia, é preciso que a empresa tenha um projeto de produto orientado para simplificar a fabricação

---
[13] Wright (1993).

e o atendimento de todos os principais grupos de clientes, de modo a expandir o volume. A introdução de tal estratégia pode requerer investimentos elevados de capital em equipamento moderno, agressiva fixação de preço e capacidade de absorção de prejuízos iniciais. Com essas aptidões, as empresas brasileiras podem criar produtos simples, sem muitos investimentos em diferenciação, orientados para ganhos de escala na fabricação, com padronização de componentes produzidos no próprio setor, duráveis, passíveis de manutenção, em vez dos descartáveis, típicos de Primeiro Mundo, com ciclo de vida mais longo, proporcionando a opção de serem financiados e criando um mercado secundário destes produtos.[14]

A correlação íntima entre a liderança na participação no mercado e a lucratividade superior desapareceu, pois as regras mudaram. A sequência de criar e conquistar vantagem competitiva, aumentando a participação no mercado, com consequente aumento na lucratividade da empresa, perdeu valor como regra de estratégia a partir da década de 1990.[15] Se, na era clássica centrada no produto, a pergunta era como seria possível aumentar a participação de mercado, aumentar o volume unitário e conquistar economias de escala, na nova era do valor de mercado altamente dinâmico, a questão é onde é possível gerar lucro e como é possível elaborar um modelo de negócio para que seja lucrativo.

No entanto, Slywotzky e Morrison propõem um modelo no qual a participação de mercado pode gerar lucros: o modelo de Pirâmide de Produtos. Eles afirmam que as variações na renda e nas preferências do cliente possibilitam a construção das pirâmides de produtos, em que os produtos de preço baixo e alto volume estão na base. No ápice, ficam os produtos de preço alto e baixo volume. O lucro concentra-se no topo da pirâmide de produtos, mas a base desempenha um papel estratégico no sistema. Há uma marca do tipo "porta corta fogo" na base da pirâmide: um nome forte, com preço baixo, produzido com lucro, embora reduzido. O objetivo dessa marca é impedir a entrada dos concorrentes, protegendo as enormes margens de lucro concentradas no topo. Quando não desenvolve uma marca do tipo "porta corta fogo", a empresa dá aos seus concorrentes a oportunidade de entrar na base da pirâmide e abrir seu caminho até o topo, onde estão os lucros.

O modelo de pirâmide de produtos mostra que uma empresa pode conviver em um mercado emergente atacando diversos segmentos sem perder o foco. Tendo como base da pirâmide os produtos de menor preço, busca-se volume de rendas com vistas a ganhar escala ao mesmo tempo em que a empresa se beneficia da curva de aprendizagem. Nos níveis superiores da pirâmide, onde a diferenciação é importante, está a zona na qual os maiores lucros são gerados: nesses segmentos há uma disposição dos consumidores para pagar mais por produtos diferenciados.

---

[14] Wright (1993).
[15] Slywotzky e Morrison (1998).

Outro ponto a ser destacado é a inovação dos produtos e processos para atuação nesses mercados.[16] Isso se mostra ainda mais fundamental para as multinacionais que precisam fazer adaptação de seus modelos de negócios e produtos para uma classe de renda diferente, com necessidades e condições de utilização dos produtos muito diferentes das até então atendidas nos mercados desenvolvidos. Prahalad destaca também a relevância da qualidade dos produtos oferecidos para a base da pirâmide, pois esses consumidores são extremamente conscientes de valor, por necessidade, e querem alta qualidade a preços acessíveis.

O grande desafio para as grandes empresas atuarem com sucesso nesse mercado de baixa renda é tornar os produtos desejados acessíveis a consumidores da base da pirâmide. Mas ainda existem outros aspectos que devem ser considerados, como ganhos de escala, flexibilidade, descentralização nas decisões, compartilhamento de conhecimento, especialmente por meio de parcerias com empresas locais.[17] De maneira geral, as empresas terão de repensar seus atuais modelos de negócios para serem bem-sucedidas com foco na base da pirâmide.

Várias empresas brasileiras já enfrentaram essa situação, conseguiram definir bem seu perfil estratégico e, com isso, obtiveram excelentes resultados em termos de crescimento de receita, lucro e operações.[18] Bons exemplos podem ser vistos nos casos apresentados a seguir.

> **Pesquisa revela melhores resultados das empresas com foco no mercado popular**
>
> A fim de analisar o desempenho de empresas brasileiras focadas no mercado popular, em termos de crescimento, resultados operacionais e lucratividade, em comparação com as empresas voltadas para o mercado de alta renda, realizamos uma pesquisa de campo com 75 empresas dos setores de alimentos, bebidas e fumo, vestuário, higiene e limpeza, eletrodomésticos e comércio varejista, durante cinco anos (1997-2001). Os resultados mostram que as empresas de bens populares alcançaram, no período estudado, melhores resultados do que as empresas focadas nas classes A e B.
>
> As empresas focadas no mercado popular tiveram um crescimento médio anual de aproximadamente 25%, enquanto as empresas focadas nas classes A e B apresentaram uma queda anual média de aproximadamente 0,70%. Esses dados se tornam ainda mais significativos quando comparados ao crescimento médio do PIB brasileiro no período analisado, que foi de 1,71.
>
> As empresas atuantes no mercado de bens populares obtiveram lucratividade média de 3% ao ano, ao passo que as empresas com foco em bens "normais" apresentaram uma lucratividade média negativa de 33% (prejuízo).

---

[16] Prahalad (2005).
[17] London e Hart (2004).
[18] Giovinazzo (2003).

Por fim, os dados mostram que o resultado operacional líquido/receita médio das empresas atuantes no mercado de bens populares foi de aproximadamente 4%, ao passo que as empresas focadas nas classes A e B tiveram um resultado médio negativo de cerca de 30%. Isso evidencia que o crescimento superior obtido pelas empresas que atuam no mercado de bens populares não advém de aplicações financeiras, e sim de ações operacionais.

Referências bibliográficas

ARRUDA, M. C. C. de A. *A compra de eletrodomésticos no mercado de baixa renda:* um estudo exploratório. 1981. 362p. Dissertação (Mestrado em Administração) – Fundação Getúlio Vargas, São Paulo.

ALVES, C. E. A. *Um estudo sobre o uso do telefone celular nas classes de baixa renda.* 2006. 89p. Dissertação (Mestrado) – Programa de Pós-graduaçao em Administração da Pontifícia Universidade Católica do Rio de Janeiro.

ASSAD, M. M. N.; ARRUDA, M. C. C. Consumidor de baixa renda: o modelo de dinâmica do processo de compra. In: XXX Encontro Anual da Anpad, 2006, Salvador. *Anais...* Salvador, 2006, p. 1-16.

BARKI, E. *Estratégias de empresas direcionadas para a baixa renda:* um estudo exploratório. 2005. 153p. Dissertação (Mestrado em Administração) – Fundação Getúlio Vargas, São Paulo.

BARROS, C. A. Consumo, hierarquia e mediação: um estudo antropológico no universo das empregadas domésticas. In: XXX Encontro Anual da Anpad, 2006, Salvador. *Anais...* Salvador, 2006a, p. 1-12.

BARROS, C. A. Indivisibilidade do mercado de baixa renda nas pesquisas de marketing: as camadas populares consomem ou sobrevivem ? In: II Encontro de Marketing da Anpad, 2006, Rio de Janeiro. *Anais...* Rio de Janeiro, 2006b, p. 1-11.

BARROS, C. A.; ROCHA, E. Lógica de consumo em um grupo de camadas populares: uma visão antropológica de significados culturais. In: XXXI Encontro Anual da Anpad, 2007, Rio de Janeiro. *Anais...* Rio de Janeiro, 2007, p. 1-16.

CASTILHOS, R. B. Subindo o morro: consumo, posição social e distinção entre famiílias de classes populares. In: XXXI Encontro Anual da Anpad, 2007, Rio de Janeiro. *Anais...* Rio de Janeiro, 2007, p. 1-16.

CETELEM, Empresa do Grupo BNP Paribas. *Pesquisa Anual O Observador – Barômetro.* São Paulo, fev. 2008.

CHEN, S. O consumidor de baixa renda como opção de expansão dos negócios: o caso de uma multinacional de eletroeletrônicos. 2006. 141p. Dissertação (Mestrado Profissional de Administração) – Fundação Getúlio Vargas, São Paulo.

CHOI, C. J.; LEE, S. H.; MILLAR, C. Trust and enforcement in emerging business systems. In: CHAPMAN, F. B. M.; CROSS, A. *International business organization*: subsidiary management, entry strategies and emerging markets. Great Britain: MacMillan Press, 1999.

CUI, G.; LUI, H. K. Order of entry and performance of multinational corporations in an emerging market: a contingent resource perspective. *Journal of International Marketing,* American Marketing Association, v. 13. n. 4, 2005.

DATA POPULAR. Site Institucional. Disponível em: <http://www. datapopular.com. br/html/documentos/Folha_polo%20de%20rua.pdf>. Acesso em: 21 out. 2010.

DE SOTO, H. *The mystery of capital*: why capitalism triumphs in the West and fails everywhere else. Basic Books: New York, 2000.

FERGUSON, C. E. *Microeconomia*. Rio de Janeiro: Forense Universitária, 1993.

GIOVINAZZO, R. A. *Um estudo sobre o desempenho e a estratégia das empresas que atuam no mercado de bens populares no Brasil.* 2003. 136p. Dissertação (Mestrado em Administração de Empresas) – Faculdade de Economia, Administração e Contabilidade da Universidade de São Paulo (USP), São Paulo.

HART, S.; MILSTEIN, M. Global sustainability and the creative destruction of industries. *Sloan Management Review*, 1999.

ISSA JR., E. N. *Comportamento do consumidor de baixa renda*: um estudo sobre o processo de compra de preservativos. 2004. 198p. Dissertação (Mestrado) – Faculdade de Economia, Administração e Contabilidade da Universidade de São Paulo (USP), São Paulo.

KHANNA, T.; RIVKIN, J. W. *The structure of profitability around the world.* HBS Working Paper. Boston: Harvard Business School, 2001.

KIRSCH, R. J.; LAIRD, K. R.; EVANS, T. G. The entry of international CPA firms into emerging markets: motivational factors and growth strategies. *The international Journal of Accounting*, v. 35, n. 1, ISSN 0020-7063, 2000.

LIMA, I. L. C.; GOSLING, M.; MATOS, E. B. Modelagem de compra por impulso de dona de casa de baixa renda em supermercados de Belo Horizonte. In: XXXII Encontro Anual da Anpad, 2008, Rio de Janeiro. *Anais*... Rio de Janeiro, 2008, p. 1-16.

LONDON, T; HART, S. L. Reinventing strategies for emerging markets: beyond the transnational model. *Journal of International Business Studies*, Washington. set. 2004.

MARQUES, G. Estratégia de marketing para os segmentos de baixa renda: um estudo sobre diferenciação no setor de gás liquefeito de petróleo para o uso doméstico. 2004. 132p. Dissertação (Mestrado) – Programa de Pós-graduação em Administração da Pontifícia Universidade Católica de São Paulo.

MATTOS, A. *Classe C puxa alta generalizada do consumo*. 2006. Disponível em: <http://www1.folha.uol.com.br/folha/dinheiro/ult91u105942.shtml>. Acesso em: 21 out. 2010.

MATTOSO, C. Q.; ROCHA, A. Significados associados às estratégias para a solução de problemas financeiros dos consumidores pobres. In: XXIX Encontro Anual da Anpad, 2005, Brasília. *Anais*... Brasília, 2005, p. 1-15.

MATTOSO, C. Q. Identidade, inserção social e acesso a serviços financeiros: um estudo na favela da Rocinha. 2005. 237p. Tese (Doutorado) – Universidade Federal do Rio de Janeiro, Rio de Janeiro.

MONTEIRO, C. S. do R.; SILVA, B. R.; LADEIRA, R. Estratégias no varejo alimentício: um estudo com consumidores de baixa renda. In: III Encontro de Marketing da Anpad, 2008, Curitiba. *Anais*... Curitiba, 2008, p. 1-16.

MOREIRA, F. A. A. *Demanda e oferta de entretenimento:* um estudo do segmento de baixa renda do Distrito de Itaquera na Cidade de São Paulo. 2006. 162p. Dissertação (Mestrado Profissional em Administração) – Fundação Getúlio Vargas.

MOURA, A. G. et al. As relações entre materialismo, atitude do endividamento, vulnerabilidade social e a contratação de dívida para o consumo: um estudo empírico envolvendo famílias de baixa renda no município de São Paulo. In: II Encontro de Marketing da Anpad, 2006, Rio de Janeiro. *Anais*... Rio de Janeiro, 2006, p. 1-16.

PARENTE, J. G.; BARKI, E.; KATO, H. T. Estratégias de marketing para o varejo na baixa renda. In: XXXI Encontro Anual da Anpad, 2007, Rio de Janeiro. Anais... Rio de Janeiro, 2007, p. 1-14.

PENG, M.; LUO, Y. Managerial ties and firm performance in a transition economy. *Academy of Management Journal*, 2000.

PINDYCK, R. S.; RUBINFELD, D. L. *Microeconomia*. São Paulo: Makron Books, 1994.

PONCHIO, M. C.; ARANHA, F.; TODD, S. Estudo exploratório do constrito de materialismo no contexto de consumidores de baixa renda no município de São Paulo. In: XXX Encontro Anual da Anpad, 2006, Salvador. *Anais*... Salvador, 2006, p. 1-16.

PONCHIO, M. C.; ARANHA, F. Necessidade, vontades e desejos: a influência do materialismo sobre a dívida de consumo dos paulistanos de baixa renda. In: XXXI Encontro Anual da Anpad, 2007, Rio de Janeiro. *Anais*... Rio de Janeiro, 2007, p. 1-16.

PORTER, M. *Vantagem competitiva:* criando e sustentando um desempenho superior. Rio de Janeiro: Campus, 1989.

PROFUTURO, *site* institucional. Disponível em: <http://www.consultoriaprofuturo.com>. Acesso em: 21 out. 2010.

PRADO, K. P. L. A. A *preferência da marca no processo de decisão de compra*: um estudo exploratório no segmento de baixa renda. *2008*. 323p. Tese (Doutorado) – Departamento em Administração da Faculdade de Economia, Administração e Contabilidade da Universidade de São Paulo. (USP), São Paulo.

PRAHALAD, C. K. *A riqueza na base da pirâmide*: como erradicar a pobreza com o lucro. Porto Alegre: Bookman, 2005.

_____; HART, S. L. The fortune at the bottom of pyramid. *Strategy and Business Journal*, 26, primeiro trimestre, 2002.

REIS, P. G. *Consumo de alimentos:* o risco no comportamento dos consumidores de baixa renda. 2006. 83p. Dissertação (Mestrado) – Programa de Pós-graduação em Administração da PUC-RJ.

RICART, J. E. et al. New frontiers in international strategy. *Journal of International Business Studies*, Palgrave Macmillan, v. 35, n. 3, may 2004.

SCHNEIDER, C. R. *Alimentação das classes baixas no Brasil:* apenas um problema social, ou uma oportunidade de mercado para as empresas do ramo? 1978. 329p. Dissertação (Mestrado em Administração) – Fundação Getúlio Vargas, São Paulo.

SILVA, H. M. R.; PARENTE, J. G. O mercado de baixa renda em São Paulo: um estudo de segmentação baseado no orçamento familiar. In: XXXI Encontro Anual da Anpad, 2007, Rio de Janeiro. *Anais*. . . Rio de Janeiro, 2007, p. 1-16.

SLYWOTZKY, A. J.; MORRISON, D. J. A estratégia focada no lucro. *Profit zone*: desvendando os segredos da lucratividade. Rio de Janeiro: Campus, 1998.

SOBRAL, M. C. et al. Estratégia de adequação para o mercado de produto popular – *fit strategy*. In: XXX Encontro Anual da Anpad, 2006, Salvador. *Anais*. . . Salvador, p. 1-17.

SPERS, R. G.; WRIGHT, J. T. C. Mercado de bens populares no Brasil: desempenho e estratégia das empresas. In: XXX Encontro Anual da Anpad, 2006, Salvador. *Anais*. . . Salvador, 2006, p. 1-16.

VARIAN, H. R. *Microeconomia*: princípios básicos. Rio de Janeiro: Campus, 1994.

VELOSO, A. R.; HILDEBRAND, D. F. N. A criança no ambiente varejista: um estudo exploratório na base da pirâmide. In: II Encontro de Marketing da Anpad, 2006, Rio de Janeiro. *Anais*. . . Rio de Janeiro, 2006, p. -16.

VELOSO, A. R.; HILDEBRAND, D. F. N.; DARÉ, P. R. C. Uma visão holística da criança no varejo de baixa renda. In: II Encontro de Marketing da Anpad, 2008, Curitiba. *Anais*. . . Curitiba, 2008, p. 1-16.

WORLD WATCH INSTITUTE, *site* institucional. Disponível em: <http://www.worldwatch.org>.Acesso em: 21 out. 2010.

WRIGHT, James T. C. De volta ao fusca ou uma nova política industrial? *O Estado de S. Paulo*, São Paulo, 1993. Caderno Economia, p. 2.

ZAMITH, E, P. *O marketing mix do varejo alimentar destinado à população de baixa renda na cidade de São Paulo*. 1993. 151p. Dissertação (Mestrado em Administração) – Fundação Getúlio Vargas.

Casos

Casas Bahia – Lucrativa e sustentável[19]

A Casas Bahia é a maior rede de varejo nacional, com faturamento anual de R$ 13,5 bilhões em 2006. Única sobrevivente de um grupo de ilustres marcas nos anos 1970 e 1980, como Mesbla, Mappin e G. Aronson, a rede encontra-se em fase de expansão acelerada.

O foco do grupo é a população de baixa renda das grandes cidades e ele pode orgulhar-se de ser símbolo do avanço da mobilidade social pela qual o País passa neste início de século: a Casas Bahia transformou a população da base da pirâmide em consumidores. Cerca de 70% de seus clientes não têm nenhum tipo de renda formal ou consistente.

O segredo do sucesso está na eficiente administração da família Klein, que aplica um modelo de gestão sofisticado. Um enorme poder de compra, gestão financeira correta e publicidade agressiva são os pilares de seu sucesso.

Fazer o melhor processo de negociação com seus fornecedores, envolvendo altos volumes a preços baixos, é um compromisso assumido por Samuel Klein, fundador. A relação com fornecedores termina aí, pois a companhia possui uma das maiores frotas de caminhões do mundo para realizar as entregas. Isso permite eficiência e redução de custos de manutenção.

No aspecto financeiro, a Casas Bahia não possui endividamento em moeda estrangeira e a dependência dos bancos é escassa. A tecnologia é apontada como um dos fatores fundamentais para possibilitar o crescimento da empresa, pois permitiu mais agilidade no fornecimento do crédito.

---

[19] FONTÃO, K. B. S. L.; MENESES, L. C. M.; RAHAL, L. *Casas Bahia: como extrair riqueza do mercado de baixa renda de forma lucrativa e sustentável*. 2006. 72 p. Trabalho de Conclusão de Curso (MBA Executivo Internacional) – Fundação Instituto de Administração. São Paulo.

A importância dos bens populares

É dada uma grande importância ao marketing. São investidos aproximadamente 3% da receita da empresa em publicidade, um dos maiores orçamentos do Brasil, tudo para estar sempre em primeiro lugar na lembrança do público. Para isso, a rede conta também com promoções especiais para atrair novos clientes e manter sua base, e inovações, como a Super Casas Bahia.

Alguns desafios e ameaças são constantes. As margens líquidas médias são relativamente pequenas nesse setor, o que faz com que a concorrência seja árdua e baseada em volume. A inadimplência está sempre presente e exige que a empresa tenha informações completas sobre os clientes. Porém, a estratégia adotada até agora pela Casas Bahia faz com que a empresa se mantenha praticamente imune às ameaças e líder entre as classes populares.

1. Introdução

Conceder crédito para consumidores de baixa renda e controlar as taxas de inadimplência: o sucesso da rede de lojas Casas Bahia apoia-se nesses dois quesitos. Para isso, a empresa utiliza-se não apenas de uma ferramenta tecnológica desenvolvida internamente – e que permite análises precisas da capacidade de endividamento de cada cliente –, mas também de vendedores treinados para oferecer um serviço diferenciado às classes C, D e E.

2. O caso: Casas Bahia – lucrativa e sustentável

A Casas Bahia é uma empresa brasileira com aproximadamente 40 anos de existência. Suas vendas anuais chegaram aos R$ 11,5 bilhões (em 2005), com 504 lojas distribuídas em 10 estados e 236 municípios. Apesar de apresentar uma maior concentração na região Sudeste, também atua nas regiões Centro-Oeste e Sul do País, totalizando um portfólio de 23 milhões de clientes – dos quais 21,5 milhões são ativos – e uma frota de 2.200 caminhões.

Em 2006 a rede encontrava-se em processo de expansão acelerada, com abertura de 100 novas lojas e um faturamento de R$ 13,5 bilhões – um incremento de 17,4% em relação a 2005. Atuando simultaneamente como indústria, financeira, empresa de logística e de varejo, a Casas Bahia é, antes de mais nada, uma companhia com foco no cliente.

A primeira Casas Bahia foi inaugurada em 1957. De lá para cá, Samuel Klein – polonês de nascimento, que chegou a Brasil em 1952 e começou a trabalhar como mascate – só fez seu negócio prosperar. Atualmente, a empresa conta com uma rede de mais de 560 lojas e está presente em 10 estados (São Paulo, Rio de Janeiro, Minas Gerais, Paraná, Espírito Santo, Rio

Grande do Sul, Santa Catarina, Goiás, Mato Grosso e Mato Grosso do Sul) e no Distrito Federal. Até hoje, a empresa mantém seu caráter familiar. Tanto que a liderança da organização está em processo de transição, passando de Samuel para seu filho, Michael Klein.[20] E o desafio para o futuro está em estabelecer a estratégia mais adequada para manter o crescimento, de modo a atender bem e fidelizar um número ainda maior de clientes.

Inicialmente instalada nas áreas de menor concentração de renda do País, a empresa centra seus principais clientes na população de baixa renda das grandes cidades. Seu valor é ter transformado a população da base da pirâmide em consumidores: 70% dos clientes das Casas Bahia não têm nenhum tipo de renda formal ou consistente; são principalmente empregadas domésticas, cozinheiras, vendedores ambulantes, autônomos com empregos informais, e operários da construção civil.

2.1 *Concorrência no comércio varejista*

Por muito tempo, o comércio varejista brasileiro foi dominado por nomes tradicionais, até hoje gravados na memória dos consumidores com mais de 30 anos. No Rio de Janeiro, as placas da Mesbla e da Coroa Brastel se integravam ao cenário da cidade. Em São Paulo, Mappin e G. Aronson tornaram-se tão paulistanos como o Viaduto do Chá e a Avenida Paulista.

A vida para esses impérios, porém, não foi eterna, e eles sucumbiram com o mesmo ímpeto com que foram erguidos. Entre eles, um nome, e somente um, sobreviveu ao vendaval – não só sobreviveu como ganhou músculos que o colocaram em um patamar inédito no setor. A Casas Bahia se tornou a número um do varejo nacional. Todo esse inacreditável poder acumulado pela empresa nos últimos 50 anos intimida fornecedores e assusta concorrentes.

O fracasso dos antigos concorrentes explica, e muito, o sucesso de Klein. Enquanto todos investiam em lojas sofisticadas, Klein montava pontos de venda despojados de luxo. Lojas como Mappin, G. Aronson e Mesbla ofereciam larga variedade de produtos, com ênfase nos top de linha. Na Casas Bahia, sempre prevaleceram mercadorias simples, familiares ao tipo de público visado pela empresa. Os celulares, por exemplo, só entraram em suas gôndolas a partir de 1999, quando seus preços se tornaram acessíveis à base da pirâmide – e atualmente ninguém vende mais celulares no País do que o grupo Casas Bahia.

Enquanto os concorrentes perseguiam os clientes endinheirados, Klein abria as portas para a periferia do mercado de consumo. Até hoje, pelos corredores de suas lojas, caminham jovens recém-casados, trabalhadores sem carteira assinada, donas de casa sem renda própria. Com essa fórmula, os Klein

---

[20] Lethbridge (2005).

A importância dos bens populares

adquiriram um poder avassalador nas vendas de eletrodomésticos, móveis e celulares. Suas mais de 500 lojas respondem pela venda de um terço da produção brasileira de geladeiras, fogões, lava-roupas – a chamada linha branca.

O grande desafio no mercado do varejo nos últimos anos foi enfrentar a instabilidade econômica – tanto que atualmente grande parte da participação de mercado está concentrada em poucas empresas. As margens líquidas médias são relativamente pequenas nesse setor, o que faz a concorrência ser árdua e baseada em volume. A inadimplência também é uma ameaça, o que faz com que empresas como a Casas Bahia tenham informações completas sobre os clientes, já que a agência de fiscalização de cadastros, o Serviço de Proteção ao Crédito (SPC), fornece informações insuficientes.

Hoje, a concorrência da Casas Bahia varia de acordo com a região e pode ser dividida por segmento. Na região Sudeste, por exemplo, o maior concorrente no segmento de móveis é a loja Marabrás; em eletrodomésticos, o Ponto Frio e o Magazine Luíza. No Nordeste, temos A Insinuante e, no Sul, as Lojas Colombo.

Até recentemente a Casas Bahia estava preocupada apenas com os concorrentes tradicionais. Mas agora surgem possíveis novos concorrentes, com um perfil um pouco diferente: trata-se dos hipermercados, como Extra, Carrefour e Big, que, com o intuito de encontrar novas formas de aumentar o valor de compra de cada cliente, começaram a entrar no ramo de eletrodomésticos e móveis. Os hipermercados geram um grande tráfego de clientes, têm marca reconhecidamente forte, grande poder de compra, uma rede de distribuição muito desenvolvida e tamanho físico para acomodar mercadorias adicionais.

Devemos ainda considerar a possibilidade de cadeias varejistas internacionais, como a rede mexicana Elektra, ingressarem no mercado brasileiro. A Elektra é o braço varejista do Banco Azteca, e já foi – e ainda poderá ser – candidata a aquisições no mercado nacional. Por diversas ocasiões enviou executivos para analisar e conversar com empresas do ramo, em especial a rede Ponto Frio.

Segunda maior varejista do México, a Elektra conta com 919 lojas – perdendo apenas para o Wal-Mart – e já lançou seus tentáculos em El Salvador, Guatemala, Honduras, República Dominicana e Peru. Sua forma de trabalhar é peculiar, mantendo um exército de três mil pesquisadores e cobradores. Antes de vender um produto, a rede envia um pesquisador até a casa do cliente para vasculhar todos os detalhes, da conta de luz à renda familiar. Se a avaliação for positiva, o consumidor pode voltar à loja e abrir o crediário, que não custa menos de 50% de juros ao ano.[21] Cabe também, ao comprador, retirar a mercadoria na loja, pois a rede não dispõe de serviço de entrega.

---

[21] Varga (2006).

2.2 O modelo de negócios

O vigor aparentemente inesgotável da Casas Bahia gerou uma série de mitos. O mais forte diz que o segredo do negócio é a intuição e o carisma de Samuel Klein. Meia verdade. Esses fatores constituíram parte da matéria-prima necessária para um modelo de gestão sofisticado, sustentado por três pilares: enorme poder de compra, gestão financeira impecável, além de publicidade massiva e permanente. Klein não esconde os pilares de sua companhia e ainda os resume em frases curtas e certeiras. "O segredo é comprar bem comprado e vender bem vendido", conta, numa variação de uma de suas leis mais famosas: "Compro por 100 e vendo por 200".

O "bem comprado" é uma expressão que causa arrepios aos fornecedores. Significa arrocho na hora da negociação. "Calculo o preço final com um lucro bruto de 30% para a gente", conta Klein. "Se o fornecedor não garante isso, nem entra nas Casas Bahia".

O estilo de gerenciamento de Samuel Klein constitui a base da cultura da Casas Bahia, cujas ideias tradicionais estão sendo alavancadas por conceitos modernos. Todos os principais projetos, de capital ou de outra natureza, estão sob direção e supervisão de Michael Klein, filho do fundador. Michael dá significativa liberdade aos gerentes de loja e aos gerentes regionais. As únicas exigências são receitas predeterminadas e metas de lucros. No entanto, Michael Klein afirma: "Estamos sempre auditando nossas operações. Tenho uma equipe de auditoria interna. Ela aparece inesperadamente em uma loja e verifica tudo: o dinheiro nos caixas, o estoque e a qualidade da propaganda dentro da loja – tudo é verificado".

Uma das ferramentas de gerenciamento mais importantes na Casas Bahia é o almoço diário com o diretor, reunindo a família Klein e os executivos fundamentais para discutir questões atuais. As terças-feiras são reservadas para discussões com os principais fornecedores. Quando o almoço é finalizado, todos os executivos saem da sala sabendo o que fazer e compartilhando uma visão ampla das operações da empresa.

A Casas Bahia mantém uma cultura simples dedicada a atender o cliente por meio de um estilo agressivo no que diz respeito a outras áreas de seu negócio e à negociação com seus fornecedores. Segundo Samuel, o segredo está em não repassar a margem, da boa negociação conseguida com os fornecedores, para o consumidor. Conseguem comprar a preços mais baixos, mas vendem a preços semelhantes aos da concorrência: "Respeitamos a marca de nossos fornecedores, permanecemos competitivos e mantemos a lucratividade".[22]

---

[22] Prahalad (2005, p. 134).

Para agilizar a tomada de decisões, todas as lojas são interligadas e monitoradas em tempo real. A Casas Bahia desenvolveu um sistema capaz de analisar dados a partir de múltiplos pontos de vista: loja individual, grupo de lojas, região, cidade e até mesmo categoria de produto, linha individual de produtos ou unidade de armazenamento.

O objetivo é sempre ser a primeira em qualquer mercado.

2.3 *Gerenciamento das finanças e crédito ao consumidor*

A Casas Bahia não possui endividamento em moeda estrangeira, o que a torna imune à flutuação do câmbio e a possíveis desvalorizações da moeda. A dependência dos bancos é escassa e a filosofia da empresa é pegar emprestado o mínimo possível para financiar o cliente e as despesas internas.

No passado, a Casas Bahia tinha sua própria financeira, mas foi desativada por não fazer parte do ramo principal dos negócios. A legislação brasileira não permite que a empresa vendedora financie a parte correspondente aos juros dos seus empréstimos aos consumidores, então a Casas Bahia vende essa parte a bancos ou financeiras.

Em decorrência do financiamento dos clientes da base da pirâmide, a Casas Bahia se tornou a maior varejista do Brasil. Para isso conta com o trabalho de vendedores preparados para a "educação" do consumidor, de analistas de crédito especialmente treinados, bem como de um sistema patenteado para liberação de crédito e limites tanto para novos clientes como para novas compras dos clientes já cadastrados. Como resultado, a Casas Bahia apresenta uma taxa de inadimplência de 8,5%, incluindo todas as faixas de renda. A taxa de inadimplência da concorrência alcança 16%.[23]

No panorama financeiro brasileiro, os bancos varejistas, para manter sua lucratividade, tornaram-se extremamente conservadores em relação à população de baixa renda. Consequentemente, o acesso a contas correntes e crédito varia significativamente de acordo com o nível econômico, permanecendo uma grande parcela da população sem acesso a esses serviços.

Surgiram, então, as financeiras, empresas de crédito ao consumidor. O principal negócio dessas empresas é conceder crédito a pessoas de baixa renda que não tenham acesso a uma conta bancária. Mas, de maneira geral, as financeiras praticam taxas de juros muito altas, o que mantém uma parcela significativa dessa população longe dos produtos de crédito.

Nesse cenário, a Casas Bahia prosperou por se dedicar a atender à negligenciada necessidade de financiamento. Sem dúvida, um dos fatores de sucesso da Casas Bahia está na capacidade de conceder financiamento a quem

---

[23] Prahalad (2005, p. 127).

não tem uma ocupação formal, nem sequer documentos que comprovem renda, e, ainda assim, evitar índices elevados de inadimplência.

Na Casas Bahia, as vendas financiadas são responsáveis por 90% de todo o volume de transações, 6% são pagamentos à vista e 4% são vendas com cartão de crédito. O vínculo estabelecido com o cliente é muito forte, e 77% dos clientes que já compraram na Casas Bahia voltam a comprar.[24] Muitos desses clientes nem chegam a comparar os preços com outros varejistas.

Os programas convencionais de classificação por escores que a maioria das empresas e dos bancos utiliza para avaliar os riscos não são adequados a esse segmento da população. É necessária sensibilidade para avaliar a concessão de crédito para essas pessoas, e uma etapa fundamental do processo é conversar com o cliente. Para isso, a Casas Baia desenvolve um programa específico que inicia os *trainees* de analistas na arte da observação humana: interpretar a linguagem dos gestos e formular as perguntas certas. Tudo com sutileza. O objetivo é fazer com que um cliente da classe D se sinta como um da classe A.

Se o freguês se apresenta como pedreiro, carpinteiro ou de qualquer outro ofício manual, o analista observará se tem calos nas mãos ou respingos na roupa. Demonstrar interesse pela profissão do cliente e sutilmente aprofundar algumas perguntas é outra técnica que ajuda a desmascarar farsantes. Os analistas fingem estar reformando a casa, procurando advogado ou uma indicação de médico. Essa interação, além de filtrar eventuais fraudes, tem outro propósito: ajuda a construir um relacionamento com o freguês. Na Casas Bahia, tão importante quanto o vendedor é o analista. A rede encara o crédito como uma extensão da venda. Vendedores e analistas trabalham juntos para conquistar a confiança do cliente.

A entrevista inicial com o cliente gera um cadastro que segue para um banco de dados informatizado. A partir daí, tudo é gerido pelo computador? Em parte, sim. Um cliente classificado no risco 3, o mais elevado, será automaticamente promovido a 1, o menos vulnerável, se for pontual nos pagamentos. Também será automática a extensão do limite de crédito. Em outras situações, há a intervenção dos funcionários. Aproximadamente metade dos clientes que retornam para uma nova compra tem o crédito automaticamente aprovado. Os demais devem conversar com o analista. Pode ser que o produto escolhido não "vista" no cliente. É nesse ponto que o fator humano se sobrepõe ao sistema. Pode parecer estranho que um pedreiro esteja interessado na compra de um computador. Talvez ele esteja se endividando para outra pessoa. Nesse caso o crédito será negado. Mas quem sabe não tem filhos jovens, a quem quer presentear com o equipamento?

---

[24] Montenegro (2005).

A importância dos bens populares

Todos os clientes que desejarem financiar suas compras deverão se submeter a uma verificação de crédito no SPC, e a Casas Bahia não completará a transação enquanto algum eventual problema não for resolvido. Não havendo pendências com o SPC, o cliente tem duas alternativas. Em compras até um determinado teto, não é necessário comprovar renda, bastando um comprovante válido de residência. Se a mercadoria custar além desse teto, a Casas Bahia desenvolveu um sistema patenteado para avaliar o cliente em potencial, concedendo-lhe um limite de crédito de acordo com a renda total, tanto formal quanto informal, profissão e despesas presumidas. Esse processo de pontuação é completado em menos de um minuto. Se o sistema aprovar o cliente, o vendedor pode continuar a venda. Se o cliente for rejeitado, será encaminhado a um analista de crédito para uma avaliação mais profunda. O processo demora em média dez minutos.

Além de determinar o valor de crédito para os novos clientes, o sistema patenteado também avalia as novas compras dos clientes cadastrados. Com base nos mesmos critérios anteriormente observados, além do histórico de pagamentos, o sistema automaticamente autorizará um novo limite de crédito, fundamental no processo de venda cruzada. Quando os clientes entram na loja para pagar as prestações mensais, um novo limite de crédito estará disponível para o vendedor tentar fazer uma venda cruzada, sob medida, dentro do novo limite de crédito.

O sistema, porém, não captura se o cliente obteve promoção, um novo emprego ou se aumentou a renda com uma nova ocupação. É o analista que, baseado na relação com o consumidor, assumirá o risco do crédito. Prossegue aí o ciclo de fidelização. O analista pode, inclusive, ignorar a recomendação do sistema. O eventual aumento da inadimplência seria mais do que compensado pelo crescimento nas vendas. Nas lojas recém-inauguradas, a taxa de inadimplência costuma dobrar e só volta à média após alguns anos. Isso é visto como um custo de aquisição de novos clientes.

A Casas Bahia mantém ainda uma equipe de "lembradores". Quando o cliente atrasa o pagamento, seis dias depois receberá um telefonema. Na falta de telefone, uma carta. Se não funcionar, o devedor recebe a visita pessoal do "lembrador", orientado para negociar o pagamento. A cobrança não pode ser agressiva. Também nessa área o analista precisa estar atento às sutilezas das necessidades humanas. Em casos de demissões coletivas de grandes empresas, a equipe deve apurar se há clientes da rede entre os demissionários e, em caso positivo, fazer um contato para deixar claro que a Casas Bahia está com o freguês em seus momentos de dificuldades e pode renegociar o pagamento.

Muitos observadores do setor afirmam que a Casas Bahia está explorando os pobres e cobrando deles taxas de juros exorbitantes. A verdade parece ser exatamente o contrário, pois, para manter taxas baixas de inadimplência, os vendedores precisam ensinar os consumidores a comprar de acordo com seus orçamentos.

Uma iniciativa importante foi o anúncio, em novembro de 2005, do cartão de crédito Casas Bahia & Bradesco, com bandeira Visa, ampliando a parceria da varejista com o banco Bradesco. Segundo Michael Klein, o cartão para vendas parceladas em até 24 vezes na rede e associadas do grupo tem limite a partir de R$ 100,00. A aprovação de crédito exige renda mínima de R$ 300,00, e a análise no Serasa é feita na hora: em dez minutos o cliente sai com o cartão. Só no primeiro ano, a empresa previa a emissão de três milhões de cartões, chegando a seis milhões em seis anos.[25]

2.4 Produtos

O enorme poder aquisitivo da Casas Bahia é um dos fatores de seu sucesso. Com esse poder, ela se empenha em fazer o melhor processo de negociação com seus fornecedores, envolvendo altos volumes a preços baixos. Na área de eletrônicos e eletrodomésticos, a empresa vende produtos de marcas de qualidade como Philips, Sony, JVC, Toshiba, Brastemp, Electrolux etc. Afinal, os clientes da base da pirâmide, classes C, D, E, querem produtos de qualidade e sonham com as mesmas mercadorias que os clientes das classes A e B. A diferença está em que os clientes das classes C, D e E só podem pagar por esses produtos por meio de financiamento de médio e longo prazo.

Os móveis são os produtos que mais vendem (40% do total de vendas) e com maior margem. Em segundo lugar estão os televisores e, em terceiro, os produtos de áudio. Para continuar atendendo a demanda, garantir qualidade e controlar custos, a Casa Bahia construiu sua fábrica de móveis – a Bartira –, que já conta com três unidades industriais e produz os móveis maiores, como armários e móveis de cozinha. Os móveis pequenos são adquiridos de terceiros.

Ao projetar seus móveis, a empresa usa o processo de engenharia reversa. Em primeiro lugar, com base em sua experiência e pesquisas de mercado para conhecer o desejo dos consumidores, ela estipula o preço e o número de prestações que os clientes podem pagar. Baseada nessas informações começa o projeto.

Com estoque regular de 30 dias para móveis e de 45 dias para outros produtos, a Casas Bahia tem faturamento com venda de eletrodomésticos, eletroeletrônicos e móveis totalizando mais do que o dobro de seu rival mais próximo, o Ponto Frio.

2.5 Distribuição e processo de entrega

Para dar suporte às suas operações, a Casas Bahia conta com quatro centros de distribuição (CD). O maior, com 230.000 m^2, fica em Jundiaí (SP),

---

[25] Montenegro (2005).

o segundo na Pavuna (RJ), o terceiro em São Bernardo do Campo (SP) e o quarto em Ribeirão Preto (SP). Além disso, a empresa possui seis instalações de *cross-docking*: Brasília (DF), Goiânia (GP), Campo Grande (MS), Belo Horizonte (MG), Curitiba (PR) e Itajaí (SC). Os próximos investimentos serão as construções de um CD de 180 mil m^2 em Duque de Caxias (RJ) e outro com 70 mil m^2 em São José dos Pinhais (PR).

A empresa possui uma das maiores frotas do mundo: 2.200 caminhões, todos da marca Mercedes. Isso permite eficiência e redução de custos de manutenção, feita dentro do próprio centro de distribuição de São Paulo. Os caminhões sempre saem com um motorista e dois auxiliares. Os motoristas passam por um processo de treinamento formal, ganham acima da concorrência, têm sistema de transporte gratuito e só podem ser demitidos com a aprovação do diretor. Isso garante taxas de rotatividade baixas. Fazem parte do processo de entrega a colocação dos eletrodomésticos no local e a retirada do antigo para fora do local da entrega, se desejado.

Excetuando-se os eletrodomésticos pequenos, as lojas não fazem entregas: a mercadoria nas gôndolas é para exposição. Os clientes podem escolher a data de entrega das mercadorias, que, em geral, é feita em 48 horas. Também é possível comprar com uma antecipação de seis meses.

2.6 *Marketing*

Além da competição acirrada, o setor varejista sofre com a semelhança dos produtos vendidos. Daí a grande importância do marketing. A Casas Bahia investe aproximadamente 3% de sua receita em publicidade, um dos maiores orçamentos do Brasil.

Um dos principais objetivos é estar sempre em primeiro lugar na lembrança do público. Uma pesquisa realizada pela Datafolha/M&M Research indicou que a empresa estava em quinto lugar entre as propagandas favoritas dos telespectadores, sendo as três primeiras, fabricantes de cerveja e a quarta, uma esponja de limpeza. O concorrente mais próximo está em 11º lugar (Lojas Marabrás).

Uma das estratégias da Casas Bahia para atrair clientes às suas lojas é anunciar produtos de qualidade a preços baixos. Os veículos principais de publicidade são a televisão, em que é o principal anunciante, e o rádio, em que se situa entre os dez maiores anunciantes, de acordo com uma pesquisa da Crowley Broadcast Analysis realizada em 2002. Michael Klein acredita que, uma vez que o cliente está dentro da loja, o representante de vendas bem treinado tem de fazer a venda.

Apenas metade do investimento em marketing sai dos cofres da empresa. O restante vem dos fornecedores dos produtos que são exibidos nos anúncios. O sistema é chamado de Verba de Propaganda Cooperada (VPC). Em determinadas compras, os Klein têm descontos de 3% referentes a VPC, ou seja, eles já recebem dos fornecedores um crédito para gastar com propaganda. As mensagens publicitárias variam de avisos de liquidações e anúncios de preços a compromissos de cobrir qualquer oferta se o cliente comprovar preço menor da concorrência.

Outras promoções incluem o cartão amarelo de cliente preferencial, considerado símbolo de status e concedido aos clientes que pagam em dia. Cartas de Michael Klein agradecem aos clientes o pagamento pontual. Contato com os clientes inativos lembram-lhes que seus negócios são valorizados.

A Casas Bahia também conta com promoções especiais para atrair novos clientes e manter sua base. Como exemplo, podemos citar a promoção do "seguro-desemprego" para venda de eletrodomésticos, na qual o cliente que comprovasse ter perdido o emprego, não precisaria pagar as seis primeiras prestações. Outra promoção de sucesso foi aquela em que a empresa perdoaria as dívidas dos quase 1 milhão de clientes inadimplentes em pagamentos anteriores a 1997. Essa promoção não apenas gerou um significativo fluxo de vendas, mas também proporcionou uma dedução de impostos em razão do prejuízo ocorrido. A anistia estava condicionada a que os clientes comparecessem a uma das lojas das Casas Bahia para esclarecer a razão do "calote". Com isso, cerca de 10% dos inadimplentes que puderam apresentar explicações convincentes voltaram imediatamente às compras. Do episódio, resultou uma lição: os analistas da rede constataram que metade dos devedores havia emprestado o nome para um terceiro fazer as compras. Desde então, o financiamento passou a ser liberado apenas se o endereço de cadastro e o de entrega de produtos for o mesmo.

A cada ano, centenas de comerciais são produzidos e veiculados, bem como *spots* de rádio e anúncios de jornais e revistas. Para cobrir o custo de toda essa mobilização, os institutos especializados em avaliar os investimentos em mídia atribuem à Casas Bahia uma verba até cinco vezes superior ao realmente declarado pela empresa no ano anterior. Seria assim caso fosse praticado o preço de tabela, não houvesse o VPC e não entrasse em ação o "fator Klein". A mesma lógica que orienta a compra de móveis e eletrodomésticos, "comprar bem comprado", vale também para os investimentos publicitários: grandes volumes pelo menor preço possível.[26]

Em outubro de 2005, a Casas Bahia recebeu o Prêmio *Top of Mind*, sendo a marca lembrada por 8% dos consumidores na categoria "lojas de departamento". Na mesma pesquisa, a C&A registrou 6% e a Lojas Americanas, 5%. Por causa da margem de erro (dois pontos percentuais para mais ou para menos), as três empresas empataram.[27]

---

[26] Blecher (2004).
[27] Yamamoto (2005).

2.7 Tecnologia da informação

A tecnologia é vista na Casas Bahia como um meio que permite aumentar a produtividade, realizar operações de baixo custo e obter a satisfação dos clientes. É apontada como um dos fatores fundamentais para possibilitar o crescimento da empresa, que investe cerca de 0,8% de suas receitas nessa área, incluindo gastos com capital e remuneração. Estima-se que os concorrentes gastem 3% das receitas com despesas semelhantes.

A tecnologia possibilitou que se criasse um banco de dados centralizado e disponível para todas as lojas com o histórico dos compradores, informações pessoais, pontuação de crédito e, inclusive, traços de personalidade dos compradores. Isso permitiu que o processo de liberação de crédito, que no passado demorava, em média, 30 minutos, fosse reduzido a um ou dois minutos.

Recentemente, a Casas Bahia fez um contrato de parceria estratégica com a IBM, que se prontificou a vender a solução para os PDV desenvolvida internamente pela Casas Bahia. É uma das poucas empresas do mundo a ter esse acordo com a IBM e, em contrapartida, a varejista ganha o suporte da empresa de tecnologia e acesso aos seus laboratórios de desenvolvimento. A Casas Bahia também investiu em recursos de infraestrutura em parceria com a Cisco e a Telefônica, instalando uma rede de protocolos de internet (IP) que interliga todas as lojas, os depósitos e as instalações de *cross-docking*.

Como a empresa se concentra em negociações pessoais para toda grande compra, não faz parte de seus planos fazer uma integração com os fornecedores. De acordo com a Casas Bahia, nenhuma empresa desenvolveu ou está desenvolvendo uma infraestrutura de TI comparável no Brasil. Trabalham ainda com quatro iniciativas, algumas já implantadas e outras em implantação:

- vincular as vendas com o marketing no ponto de vendas;
- melhorar as entregas, minimizar erros e diminuir prazos;
- leitura ótica e digitalização de todos os documentos relacionados com os clientes num único arquivo eletrônico;
- desenvolver uma ferramenta de gerenciamento no *desktop* com base na infraestrutura do Linux.

No final de 2005, a empresa lançou uma operação piloto de venda de produtos pela internet, não por meio de um *site* próprio de comércio eletrônico, mas utilizando-se do *site* Shopfácil, que pertence ao Bradesco (de quem já é parceira no financiamento ao consumidor). A experiência coincidiu com o período de atendimento da Super Casas Bahia, e a iniciativa serviu para testar o canal de comércio eletrônico oferecendo uma lista limitada de produtos, visto que o sistema de logística da empresa não está preparado para entregar produtos pequenos – normalmente retirados nas lojas pelos compradores – e ainda não faz entrega em todo o território nacional. Segundo Michael Klein, o volume de vendas pela internet nesse período experimental correspondeu ao faturamento de duas novas lojas.[28]

2.8 *Gestão de recursos humanos e treinamento*

A maioria dos funcionários da Casas Bahia passa toda sua carreira na empresa e acredita ter bons empregos. A rotatividade média é de apenas 1%, e a maioria dos gerentes de médio e alto escalão está na empresa há mais de 20 anos. Existem planos de carreira para diversas funções e, como exemplo, podemos citar a trajetória comum na função de vendas: vendedor, estagiário de gerente, treinamento em sala de aula, gerente, estagiário de gerente regional e gerente regional.

A remuneração dos vendedores é variável, sendo no início uma parte fixa e outra variável que depende seu desempenho. No entanto, assim que sua comissão atingir um valor superior a uma meta predeterminada, seu salário passa a ser totalmente comissionado. A Casas Bahia, segundo seu diretor de recursos humanos, José Roberto Fernandes, paga melhor do que os concorrentes diretos e, dependendo da situação econômica, os funcionários podem ganhar 14º salário, além de incentivos como viagens por alcançar metas e objetivos de negócios.

Hoje, todas as funções relacionadas com recursos humanos, exceto o aspecto administrativo e o treinamento específico, foram transferidas para as lojas. No entanto, as decisões políticas ainda estão centralizadas na sede da empresa.

O treinamento realizado pela Casas Bahia é um processo em duas etapas que inclui um treinamento formal, em salas de aula, e uma parte informal, na qual os treinados ficam "à sombra" de funcionários experientes para aprender com eles. O tempo desse último treinamento varia de acordo com as exigências específicas da função.

Foram desenvolvidas equipes especializadas em finanças, em vendas e em gerenciamento para ajudar no processo de treinamento. Os fornecedores também participam, ministrando treinamentos para ensinar aos funcionários envolvidos os benefícios e as utilidades de seus produtos. Se ficar estabelecida a necessidade de treinamento específico em alguma habilidade, o departamento de recursos humanos patrocina cursos rápidos ou contrata especialistas no assunto.

Durante o treinamento das funções que têm contato com o cliente, é enfatizada a importância de estabelecer um relacionamento duradouro com

---

[28] Cruz (2005).

A importância dos bens populares

os consumidores e buscar sua satisfação. Nesse caso, a venda cruzada é um importante indicador porque 77% dos clientes que abrem uma conta voltam a comprar. Especial ênfase é dada ao treinamento dos vendedores, analistas de crédito e motoristas. É responsabilidade dos vendedores e analistas de crédito estabelecer um relacionamento duradouro com os clientes e educá-los para comprar de acordo com as suas possibilidades financeiras. São treinados para que percebam os clientes por seu potencial de longo prazo, como clientes para toda a vida. O bom trabalho desses funcionários é de vital importância para manter baixa a taxa de inadimplência da rede. Em geral, os vendedores e analistas são contratados localmente, ou seja, moram nas redondezas de onde a loja se encontra, o que lhes permite conhecer melhor o bairro e os clientes, bem como ter menos problemas de transporte.

Como a entrega faz parte da realização do sonho do cliente, o treinamento e a retenção de motoristas e auxiliares são muito importantes. A taxa de rotatividade desses funcionários é muito baixa, cerca de 3% a 4% ao ano. Os motoristas passam por um processo de treinamento formal. Eles devem respeitar os clientes, ter boa aparência e o uniforme sempre limpo. Como a maioria dos clientes é mulher, eles são ensinados a serem corteses e terem muito cuidado com as mercadorias. Devem colocar o produto no local desejado pelos clientes e, se houver um produto antigo, devem retirá-lo para fora do local se os clientes assim desejarem.

A estratégia adotada até agora pela Casas Bahia garante suas vantagens competitivas e faz da empresa um caso de sucesso no mercado voltado para as classes populares – tornando-a, inclusive, praticamente imune às ameaças da concorrência. No próximo caso, destacamos a história de uma marca que, para manter-se viva, voltou-se para o público C, D e E e enfrentou uma acirrada competição com seus similares.

3 Tópicos para Discussão

- Como enfrentar a concorrência dos novos e poderosos rivais, os hipermercados (como Extra, Carrefour, Big e o grupo mexicano Elektra)?
- Como a Casas Bahia deveria agir em períodos de crise, quando o crédito é mais escasso e a inadimplência é maior?
- Os principais concorrentes da Casas Bahia em décadas passadas se concentravam nos segmentos A e B da sociedade. Nos últimos anos, o grupo de Samuel Klein inaugurou novas unidades em bairros mais nobres. Como passar por essa situação sem sucumbir, como ocorreu com seus pares?
- Quando terceirizar o transporte das mercadorias para os clientes pode se tornar mais vantajoso à Casas Bahia? Ao expandir suas atividades pelo território brasileiro, internalizar o transporte ainda é viável?

- Qual a motivação da companhia para investir tão agressivamente em marketing?
- Em que medida a massiva utilização de cartões de crédito implica um problema ao relacionamento forte e contínuo com o cliente?

Referências bibliográficas

BLECHER, N. Máquina de vender. *Revista Exame*, São Paulo, Abril, v. 38, n. 811, 18 fev. 2004.

CRUZ, R. *Casas Bahia testam venda pela Web*. 2005. Disponível em: <http://www.link.estadao.com.br/index.cfm?id.conteudo=5590>. Acesso em: 23 nov. 2005.

LETHBRIDGE, T. O desafio de trabalhar com o pai. *Revista Exame*, São Paulo, Abril, v. 39, n. 838, 16 mar. 2005.

MONTENEGRO, C. *Casas Bahia e Bradesco lançam cartão de crédito*. 2005. Disponível em: <http://www.uol.com.br/economics/ultnot/reuters/2005/11/18/ult29u44246.jhjt >. Acesso em: 20 jan. 2006.

PRAHALAD, C. K. *A riqueza na base da pirâmide*: como erradicar a pobreza com o lucro. Porto Alegre: Bookman, 2005.

VARGA, L. *Os mexicanos querem o ponto*. 2006. Disponível em: <http://www.zaz.com.br/dinheironaweb/170/negócios/170_os_mexicanos.htm>. Acesso em: 10 jan. 2006.

YAMAMOTO, K. *Apresentação*: raioX de campeões. *Folha de S. Paulo*. Top of Mind 2005, ed. *online*. 18 out. 2005. Disponível em: <http://www1.folha.uol.com.br/folha/especial/2005/topofmind/fj1810200501.shtml>. Acesso em: 10 jan. 2006.

Painkiller – Medicamento de marca para a população de baixa renda[29]

O mercado de analgésicos de venda livre no Brasil apresentou grande crescimento nos últimos anos, e a Painkiller se beneficiou disso. Porém, os bons resultados poderiam ser ainda melhores se não fosse a Lei dos genéricos, de 1999, que fez com que o setor e a companhia perdessem espaço, principalmente entre as classes mais pobres.

Diante desse cenário, a Painkiller resolveu reagir com redirecionamento de seus produtos. Qual a melhor estratégia de ges-

---

[29] Elaborado com base em: Ana Paula Dufrayer de Moura, Claudio Lavareda Santos, Mara Cristina Gallinaro de Sá. *Medicamentos de marca para população de baixa renda*: o caso Painkiller. Orientador: Professor Leandro Morilhas. Trabalho de Conclusão de Curso do Programa MBA Executivo Internacional. Fundação Instituto de Administração, São Paulo, 2006.

tão para levar medicamentos de marca para a população de baixa renda? Extensão vertical da marca, reposicionamento em outros segmentos reduzindo o preço ou criar valor e diferenciação?

No caso da Painkiller, uma apresentação diferente, mantendo-se a marca original e seu posicionamento, mostrou-se a melhor alternativa. A empresa optou pelo fracionamento do produto, o que permitiu que o medicamento chegasse à população de baixa renda.

A estratégia baseou-se na ideia de que o público prefere marcas reconhecidas, mas, por sua restrição orçamentária, é obrigado a optar por genéricos ou similares. Após o fracionamento, a marca Painkiller obteve crescimento total, ao mesmo tempo em que conseguiu proteger-se do crescimento acentuado dos genéricos, mantendo sua participação de mercado.

O presente trabalho ainda discute, por evidências econométricas, a viabilidade de se criar uma *fighting brand*, e conclui que, caso essa fosse a solução adequada, o preço do novo produto não poderia ficar muito distante do próprio preço original do Painkiller.

1. Introdução

O mercado farmacêutico enfrenta uma grande concorrência entre produtos de marca e os genéricos – sendo esses últimos reconhecidos como mais baratos e, portanto, mais adequados às classes populares. Nesse contexto, destaca-se o caso do analgésico Painkiller: uma marca que adotou estratégias para ampliar o acesso do consumidor de baixa renda, promovendo um reposicionamento que garantiu sua sobrevivência.

2. O caso: Painkiller – Medicamento de marca para a população de baixa renda

O Painkiller é um analgésico isento de prescrição que existe no Brasil há mais de 30 anos. É indicado para os vários tipos de dor, incluindo dor de cabeça (cefaleia), além de dores do tipo cólica menstrual (dismenorreia). O medicamento contém dipirona na dose de 500 mg, um agente analgésico e antitérmico de uso clínico bastante amplo, tanto de forma isolada quanto em combinação com outras substâncias. Dentre os dez analgésicos isentos de prescrição mais vendidos no Brasil, seis têm dipirona. A dose recomendada é de um ou dois comprimidos de 500 mg, com dose diária máxima de oito comprimidos. Desde seu lançamento, o Painkiller possui uma única apresentação comercial – caixa com 20 comprimidos.

Entre os pontos fortes do produto, podem ser citados:
- marca bem conhecida por consumidores e balconistas de farmácia;
- imagem de produto eficaz e potente;
- recomendação médica construída por meio da visitação médica;
- elevado nível de lealdade dos usuários (>70%);
- forte trabalho de visibilidade no ponto de venda.

A marca é brasileira e foi lançada em 1975. Seu posicionamento inicial era para cefaleia forte e o produto era promovido para médicos (clínicos gerais e neurologistas) por meio de material promocional e muitas amostras grátis. Não havia comunicação direta ao consumidor.

Com o tempo, o produto passou a ter um alto índice de procura espontânea e era consumido para dores de cabeça em geral, independentemente de sua intensidade. Dessa forma, começou um trabalho muito forte de distribuição de amostras grátis para o público leigo (principalmente mulheres) em bares, restaurantes, salões de beleza, eventos regionais, entre outros. Com essa estratégia, o produto atingiu elevados volumes de vendas.

Com o advento do Plano Real, observou-se um grande incremento no segmento de analgésicos sólidos de venda livre no Brasil, atingindo crescimento de 127% em doses (em 2004, em comparação a 1994) e o Painkiller também se beneficiou disso. O medicamento fechou 1995 com 18,9% e 26,4% de participação em doses e valores, respectivamente, com crescimento em doses de 37% em comparação ao ano anterior, e continuou apresentando crescimento tanto absoluto como em participação em 1996, atingindo 21,6% em doses e 29,3% em valores.

Mas em 1997 essa tendência de crescimento em participação foi interrompida. Apesar de crescer em termos absolutos cerca de 5% em doses, esse analgésico apresentou acentuada perda de participação de mercado, fechando o ano com 16,4% em doses e 23,4% em valores, uma perda de quase seis pontos percentuais em valores em apenas 12 meses. Isso pode ser explicado pelo forte crescimento do segmento de analgésicos sólidos como um todo, crescimento esse que chegou a mais de 38% naquele ano.

Pode-se observar na Figura 1.2 o acentuado crescimento do segmento de mercado dos analgésicos sólidos, que, diferentemente de outros segmentos, se dá à custa dos medicamentos de marca e não dos genéricos. Observa-se ainda que essa onda de crescimento não foi aproveitada pela marca Painkiller, que se manteve estável em torno de 200 milhões de doses ao ano.

Diante desse cenário, em 1998, a marca foi para mídia de massa pela primeira vez e, mesmo com o produto sendo promovido diretamente para o consumidor final, a visitação de todas as especialidades médicas foi mantida. Além da comunicação e distribuição de amostras grátis, a marca recebeu forte

A importância dos bens populares

trabalho no ponto de venda, mas, apesar de todo esse esforço, não conseguiu reverter a tendência de queda, fechando 1998 com 16,7% em doses e 22,5% em valor. Essa tendência se manteve, agravando-se em 1999 com a criação da Lei dos genéricos com bioequivalência.[30] A Painkiller perdeu participação ano após ano, chegando em 2004 a 11,2% de participação em doses e 13% em valores. Essa perda de participação se deu principalmente em favor de outros medicamentos de marca, mas também em função dos novos genéricos.

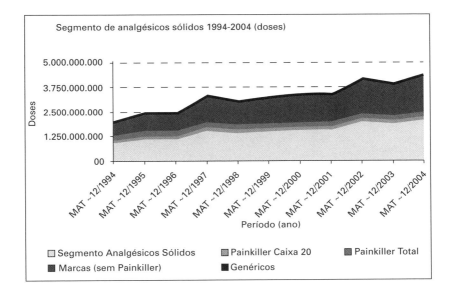

Figura 1.2 Gráfico do crescimento, em doses, do segmento de analgésicos sólidos entre 1994 e 2004.

Fonte: Elaborado pelos autores a partir de informações obtidas com o IMS Health – PMB (MAT dez/94 a dez/2004).

Quando observado em valores (ver Figura 1.3), a situação é muito parecida, com acentuado crescimento do segmento de mercado dos analgésicos sólidos, à custa dos medicamentos de marca, mas neste caso a Painkiller apresenta um discreto crescimento absoluto, muito em função de aumento de preço.

---

[30] "O medicamento genérico é aquele que contém o mesmo fármaco (princípio ativo), na mesma dose e forma terapêutica, é administrado pela mesma via e com a mesma indicação terapêutica do medicamento de referência no País, apresentando a mesma segurança que o medicamento de referência no País, podendo, com este, ser intercambiável. A intercambialidade, ou seja, a segura substituição do medicamento de referência pelo seu genérico, é assegurada por testes de bioequivalência apresentados à Agência Nacional de Vigilância Sanitária, do Ministério da Saúde." (Fonte:<www.anvisa.gov.br/faqdinamica/index.asp?secao=38>. Acesso em: 01 mai. 2011).

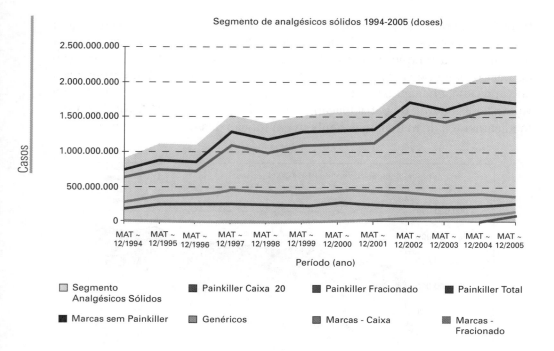

Figura 1.3 Gráfico que apresenta o crescimento, em reais, do segmento de analgésicos sólidos entre 1994 e 2005.

Fonte: Elaborado pelos autores a partir de informações obtidas com o IMS Health – PMB (MAT dez/94 a dez/2005).

A Painkiller sempre apresentou um preço *premium*, chegando – em 1996 – a custar 56% a mais em doses que a média dos medicamentos analgésicos de marca. Esse sobrepreço veio diminuindo com o passar dos anos, chegando a 24% em 2003, e nem assim a marca conseguiu manter participação de mercado. A grande diferença de preço observada entre a unidade de Painkiller e a unidade dos outros medicamentos de marca é explicada pelo fato de o primeiro possuir apenas uma apresentação com 20 comprimidos, enquanto outros chegam a ter apresentações com até 500 comprimidos.

2.1 *Genérico ou de marca? A preferência popular*

Nos casos em que os preços dos medicamentos genéricos e de marca são similares, o consumidor prefere comprar medicamentos genéricos ou de marca? Havendo renda disponível, o consumidor está disposto a pagar um valor maior para um produto de marca se há um genérico que possa substituí-lo por valor menor? Quais são os fatores que o consumidor leva em conta para tomar sua decisão?

Segundo Prahalad (2005), a população de baixa renda é muito consciente de marca e de valor, até por necessidade. E prefere comprar itens de marcas

A importância dos bens populares

consagradas, com qualidade assegurada. Para essa camada da população, uma compra malfeita pode significar ter de utilizar um produto ineficaz por muito tempo, pois não haverá recursos disponíveis para sua substituição. As pessoas desejam alta qualidade a preços que possam pagar.

O mesmo vale no momento de comprar medicamentos – especialmente no caso de analgésicos de venda livre ou isentos de prescrição, como Painkiller. O consumidor só se sente mais confortável em adquirir um medicamento genérico quando ele é receitado por um médico, pois, nesse caso, a eficácia e a segurança do produto, mesmo que desconhecido, passam a ser asseguradas ou endossadas por um profissional.

Mas outros fatores são levados em conta na hora de tomar a decisão de comprar um medicamento de marca ou um genérico: o tipo de tratamento, se agudo (dose única ou por poucos dias) ou crônico (tratamentos contínuos), e o valor do desembolso. A população de baixa renda toma suas decisões de compra com base nos recursos disponíveis no dia, seus fluxos de renda são imprevisíveis, e muitas vezes esse recurso tem de ser suficiente não só para o medicamento, mas também para a alimentação e o transporte da família. A competição para essa camada da população não é tão somente intrassetorial, mas também intersetorial, o *share of pocket* tem uma relevância ainda maior para esse público.

Todas as formas de aumentar o acesso dessa população aos bens de consumo devem ser levadas em conta: do parcelamento ou financiamento da compra, à venda do produto fracionado ou em embalagem individual, de forma a atender a necessidade da hora ou do dia. Um exemplo disso é o caso do xampu Pantene® na Índia. A Procter & Gamble, observando o desejo da população de baixa renda de consumir o seu produto de marca de alto nível, desenvolveu embalagem em sachês individuais. Como resultado, a penetração de xampu na Índia já é de cerca de 90%. Medido em toneladas, o mercado indiano de xampus tem as mesmas proporções do mercado norte-americano.

Voltando aos medicamentos, quando analisados os diferentes segmentos do mercado farmacêutico, pode-se concluir que, quanto maior for a diferença entre os preços médios por dose de medicamentos de marca e de genéricos para determinado segmento de mercado farmacêutico, maior tenderá a ser a penetração do medicamento genérico nesse segmento. É o caso dos antibióticos sistêmicos, que apresentaram, em 2005, uma diferença de R$ 0,56 entre os preços médios por dose e correspondente participação de genéricos em doses de 44%. Por outro lado, quanto menor for essa diferença entre os preços médios e, principalmente, o preço de desembolso do segmento, menor deverá ser a penetração dos genéricos. É o que ocorre no segmento de analgésicos e antigripais, que podem ser adquiridos fracionados em poucas doses, atendendo à necessidade daquele momento, o que não acontece com os demais segmentos analisados. Pode-se dessa forma concluir que o paciente ou consumidor dá preferência ao medicamento de marca, em detrimento do genérico, a menos que a diferença de custo seja relevante (ver Figura 1.4).

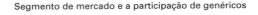

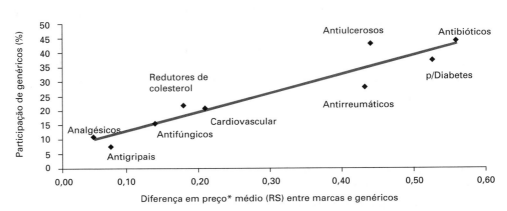

* Preço fábrica 2005. Coeficiente de Pearson = 0,9480.

Figura 1.4 Gráfico da participação de medicamentos genéricos em função da diferença observada em preço médio entre medicamentos de marca e genéricos.

Fonte: Elaborado pelos autores a partir de informações obtidas com o IMS Health – Preço fábrica 2005. Coeficiente de Pearson = 0,9480

Valem algumas observações adicionais em relação aos diferentes segmentos do mercado farmacêutico e suas peculiaridades no que diz respeito à penetração dos medicamentos genéricos. Observando-se a Figura 1.4, vê-se que, à esquerda, com as menores participações dos genéricos estão os analgésicos e os antigripais. Ambos são segmentos do mercado OTC,[31] de procura espontânea, que dependem muito pouco da prescrição médica. Esses medicamentos são vendidos de forma fracionada, com embalagens com duas, quatro ou mais doses, de baixo desembolso.

Em relação aos antigripais, vale ressaltar a existência de poucos genéricos, uma vez que se trata, na grande maioria, de associações de fármacos únicas, difíceis de copiar, e por isso constituem um dos *outliers*, relativamente protegidos dos genéricos. No extremo oposto, vemos os antibióticos sistêmicos, com mais de 40% de participação de genéricos, o que se explica pelo alto custo dos medicamentos, pela impossibilidade de venda fracionada (mínimo de dias de tratamento estabelecido) e pela necessidade de prescrição médica, que, cada vez mais, tende em favor dos genéricos de qualidade.

---

[31] Os medicamentos OTC (do inglês *over the counter*, ou seja "sobre o balcão") são aqueles que podem ser comercializados livremente, sem a necessidade de receita médica.

A importância dos bens populares

Outro fator que representa grande barreira à penetração dos genéricos diz respeito aos produtos mais recentes, com proteção de patente, é o caso dos antirreumáticos, segmento em que os produtos líderes são protegidos por patentes – logo, nesse segmento, pode não haver genéricos por um determinado período de tempo. Por outro lado, vemos os antiulcerosos, medicamentos de uso prolongado ou contínuo, de prescrição médica, muitas vezes com apenas um produto no mercado protegido por patente – daí a grande participação dos genéricos.

2,2 Diferentes marcas para distintos públicos-alvo

A extensão vertical de marcas tem sido uma estratégia utilizada por empresas interessadas em estender a atuação de seus produtos a diversas camadas da população, principalmente por aquelas de posicionamento *premium* buscando atingir a população de baixa renda. Ao reduzir o preço de um produto com o objetivo de posicioná-lo para camadas populares, corre-se o risco de que aquela marca perca sua estatura e, por inferência, a imagem de alta qualidade a ela associada.[32]

Várias são as estratégias possíveis, como redução de preços, redução de volumes com produtos de menor conteúdo ou fracionamento. A decisão sobre qual seguir depende do posicionamento original da marca e de uma análise, por meio de pesquisa com o público-alvo, sobre como uma extensão afetaria o posicionamento original da marca, por exemplo, uma marca de luxo estendendo sua atuação para produtos populares. Não há um consenso sobre se a estratégia é positiva ou não, ou sobre a maneira correta de realizar esse movimento. Cada caso deve ser analisado individualmente e a escolha da estratégia deve considerar os benefícios e danos possíveis à marca original.

Qual a melhor estratégia de gestão empresarial para levar medicamentos de marca para a população de baixa renda? Criar nova marca, aplicar uma redução de preço, criar submarcas, oferecer diferentes apresentações? Qual é a abordagem de marketing para cada um dos casos? São várias as formas de levar produtos para o mercado popular, e uma delas é criar uma nova marca. Entretanto, não é fácil introduzir uma nova marca no mercado, pois para isso é necessário um alto volume de investimentos e gasto de tempo para que tal marca se torne conhecida por seu público-alvo.

Outra alternativa é reposicionar totalmente a marca, em outro segmento do mercado, por meio da redução do preço. Esse movimento pode ser altamente arriscado, uma vez que há implicações financeiras a serem considera-

---

[32] Aaker (1997).

das. Uma redução de preço implica redução de margens de lucro e, dependendo da importância da marca no resultado global de uma companhia, essa alteração de preço pode afetar o desempenho financeiro de toda a empresa. Outra implicação dessa estratégia é iniciar uma guerra de preços, em que os concorrentes farão o mesmo movimento, modificando definitivamente o patamar de preço do mercado. Adicionalmente ao risco financeiro, existe o risco de danificar a imagem da empresa, uma vez que o preço passa a ser a base de competição, reforçando a percepção do consumidor de que a marca não oferece diferenciais com relação à concorrência. Uma forma de reduzir esses riscos é associar serviços à marca ao mesmo tempo em que se reduzem seus preços.

E, finalmente, outra maneira de uma marca competir no mercado popular é criar valor e diferenciação, de forma que a marca não pareça ter preço *premium*. Criar submarcas pode ser uma alternativa interessante. Ao mesmo tempo em que se mantém a integridade da marca-mãe, utiliza-se de sua credibilidade e conhecimento para criar marcas de produtos com menor valor agregado. Mas essa estratégia pode danificar a imagem da marca-mãe, uma vez que esta é associada a produtos de menor valor agregado. Nesse caso, a estratégia deve considerar formas de manter o impacto negativo a um nível mínimo.

A criação de novas apresentações, como tamanhos reduzidos, e, no caso de medicamentos, o fracionamento, pode mostrar-se uma alternativa bastante viável, pois permite manter a imagem da marca e oferecer acesso aos consumidores de baixa renda, que têm a oportunidade de adquirir o produto de marca consagrada com menor desembolso.

No caso de medicamentos, as alternativas estratégicas são limitadas à legislação brasileira de medicamentos. A opção de criar marcas diferentes com a mesma fórmula não é permitida pela legislação. Uma alternativa é desenvolver uma nova fórmula com uma submarca ou nova marca. Apresentações diferentes da inicialmente registrada podem ser uma alternativa, desde que o preço determinado seja proporcional ao do produto original.

No caso da Painkiller, uma apresentação diferente, mantendo-se a marca original e seu posicionamento, mostrou-se a melhor alternativa. A empresa optou pelo fracionamento do produto, o que permitiu que o medicamento chegasse à população de baixa renda. A estratégia baseou-se na ideia de que o público prefere marcas reconhecidas, mas por sua reduzida capacidade de desembolso, é obrigado a optar por genéricos ou similares. Após o fracionamento, a marca Painkiller obteve crescimento total, ao mesmo tempo em que conseguiu proteger-se do crescimento acentuado dos genéricos, mantendo sua participação de mercado. Veja a Figura 1.5.

A importância dos bens populares

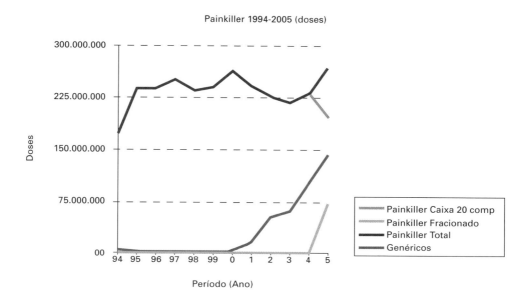

Figura 1.5 Gráfico do crescimento, em doses, da marca Painkiller, com suas diferentes apresentações, em relação aos genéricos entre 1994 e 2005.

Fonte: Elaborado pelos autores a partir de informações obtidas com o IMS Health – PMB (MAT dez/94 a dez/2005).

É importante analisar o valor do EBT (*earning before taxes*) que o produto deixa (lucro), pois a empresa deve ter um *target* para lucratividade (geralmente o necessário para que o acionista não "desinvista"). A abordagem de marketing para uma nova marca tipo *fighting brand* (marca de combate) pode ser conservadora (como estratégia de proporcionar baixos preços via ações OTC) ou mais agressiva como DTC (*direct to consumer*) de ampla cobertura. Para saber se a estratégia de criar submarcas é correta, é importante considerar dados como vendas adicionais, canibalização, despesas diretas e indiretas, cenários de lucratividade, dentre outros. E responder às questões: quão importante é essa linha de produtos para a empresa? De quem a empresa quer ganhar mercado? De outras marcas ou genéricos ou de ambos? Qual é o *share* que a empresa busca fazendo esse lançamento? Ou mesmo: para o lançamento valer a pena, a empresa precisa vender quanto? Nesse caso, qual é o risco de não lançar? Qual é o prazo para o retorno esperado? São questões complexas e difíceis de responder, por isso mesmo, na prática, vários lançamentos da indústria acabam fracassando.

Pelo tempo de mercado, pelo amplo conhecimento do princípio ativo e, principalmente, pela utilização de mídia de massa, não recomendamos ações paralelas com a classe médica. Se houvesse verba para esta atividade, recomendaríamos seu redirecionamento para distribuição de amostras em eventos de lazer frequentados predominantemente pela classe a que se destina o produto. Qual seria o comportamento do canal de distribuição diante de cada uma das alternativas apresentadas aqui? Existe espaço para medicamentos de marca no canal que atende à população de baixa renda?

Inovações em distribuição são tão decisivas quanto as inovações em produtos e processos, no caso de bens populares.[33] É de conhecimento geral a suposta dificuldade de acesso à distribuição nos mercados da base da pirâmide (baixa renda), o que representaria um imenso impedimento à participação de grandes empresas e de corporações multinacionais.

Sendo o fabricante muito forte e de renome, a distribuição aceitaria normalmente ambas as opções. Com os requisitos naturais de introdução de produtos, como criação de novos códigos, compras condicionadas a prazos maiores de pagamentos, eventuais doações na primeira compra etc., pode ser ligeiramente mais fácil colocar uma nova apresentação que uma nova marca, pois a mesma marca já tem histórico e curva de vendas, e uma nova marca precisaria obter o convencimento do comprador (por exemplo, será somente diferença de preço?).

Para poder responder efetivamente se existe espaço para medicamentos de marca no canal de distribuição que atende à população de baixa renda, seria necessária a realização de uma pesquisa de mercado, pois a dinâmica nesse setor é visível. Talvez a distribuição (disponibilidade) seja até mais importante que a própria marca (grandes marcas vendem para farmácias, drogarias etc.). Nesse caso, as empresas sérias estariam concorrendo com marcas que vendem em lojinhas, padarias, bares, locais em que o comércio de medicamentos é ilegal. Já existe a venda de analgésicos em padarias, por exemplo. Em periferias é muito comum, e grandes empresas não concordam com esse tipo de venda, que necessita inclusive de distribuição adequada.

Se analisarmos as zonas rurais, não só depararemos com o problema de acesso, mas também com a ausência de sinais de áudio e televisão. Isso faz com que a população desses locais não tenha acesso a informação sobre os recursos disponíveis e como utilizá-los – no nosso caso, os medicamentos. Logo, a expansão da conectividade sem fio entre a classe de baixa renda será uma forma de amenizar esse problema.

Devemos buscar alternativas para solucionar tais problemas e atender às exigências do mercado farmacêutico.

2.3 *Marcas de combate ou novas apresentações*

A análise econométrica em *cross-section* da demanda por medicamentos no Brasil, desenvolvida pela Federação Brasileira da Indústria Farmacêutica (Febrafarma), estimou funções demanda para medicamen-

---

[33] Giovinazzo (2003) e Prahalad (2005).

tos das classes terapêuticas dos analgésicos, antibióticos, anti-hipertensivos e anti-inflamatórios, a partir de uma pesquisa de campo realizada pela empresa Toledo & Associados, que abrangeu 735 entrevistas com consumidores em farmácias de todo o País no mês de abril de 2003. Foi elaborado um detalhado trabalho de equivalência teórica, de modo a se obter uma única substância (numerário) em cada uma daquelas quatro classes terapêuticas.

Econometricamente, foram estimadas funções demanda para cada classe de medicamentos, controlando-se preço, renda, riqueza, região da compra e educação. Os resultados mostram, como esperado, que a demanda por medicamento é inelástica em relação a preço, que a renda não é importante para o acesso da população que vai às farmácias e que as demais variáveis são relevantes somente em algumas classes.

É importante notar também os seguintes aspectos:

a) A elasticidade de preço estudada refere-se à classe terapêutica, vale dizer, trata-se da elasticidade de preço de um produto tornado homogêneo por meio da equivalência teórica.

b) Esse efeito renda é distorcido, porque 49% da população com renda entre zero e quatro salários mínimos respondem por somente 16% do consumo, e 15% da população com renda acima de dez salários mínimos consomem 48% dos medicamentos. Em outras palavras, o nível de renda é o determinante para as pessoas irem, ou não, às farmácias.

Os resultados para analgésicos indicaram:

1. Para qualquer um dos modelos estimados, o coeficiente da elasticidade-preço é em torno de –0,60, implicando que, para um aumento de 1% no preço do medicamento, a quantidade demandada diminui cerca de 0,60%. Como o valor da elasticidade-preço é menor do que 1 em termos absolutos, tem-se que a demanda por analgésicos é inelástica.

2. O coeficiente da elasticidade-renda fica em torno de 0,12. Assim, um aumento de 1% na renda familiar aumenta a quantidade demandada em cerca de 0,12%. Os resultados ficam praticamente inalterados se for usada a renda da pessoa que respondeu à pesquisa em vez da renda familiar, e por essa razão não são reportados os resultados das regressões usando-se a renda pessoal.

3. A variável *dummy*[34] para médico é estatisticamente significante, ou seja, é importante para a demanda de analgésicos se o medicamento

---

[34] A variável *dummy* indica a chance de sucesso ou fracasso de um determinado evento. Pode assumir valores 0 ou 1, sendo que 1 é chamado de sucesso e tem probabilidade de ocorrência igual a *p*. O valor *p* é chamado de probabilidade de sucesso.

foi prescrito pelo médico. A quantidade média de analgésico consumido é maior quando há prescrição médica. Por outro lado, não faz diferença se o medicamento for genérico. A *dummy* para genérico aparece como estatisticamente não significante.

4. No caso das *dummies* de classe de renda, trata-se, arbitrariamente, a classe E como classe-base. Nenhuma *dummy* de classe socioeconômica apareceu como estatisticamente significante.
5. Foram utilizadas, ainda,"*dummies* de região" para se tentar averiguar uma possível diferenciação regional na demanda. Todos os coeficientes estimados mostraram-se não significativos (resultados não apresentados).

Em relação aos analgésicos, o estudo conclui que, com uma redução nos preços em 10%, a demanda por esse tipo de medicamento aumentaria em 6,1%, para antibióticos em 3,8%, para anti-inflamatórios em 8,3%, e para anti-hipertensivos em 4,6%.

A Anvisa não permite titularidade ou novos registros de medicamentos com o mesmo princípio ativo de um medicamento isento de prescrição com registro já concedido à empresa detentora dos direitos de produção e comercialização. No entanto, uma empresa pode atuar no mesmo segmento de analgésicos com marcas distintas se dispuser de diferentes formulações, como, por exemplo, usar os diferentes princípios ativos: dipirona; paracetamol ou ácido acetilsalicílico.

A viabilidade financeira deveria ser respondida com lucro adicional (lucro marginal subtraído da canibalização da venda de Painkiller) ou igual aos custos totais (diretos e indiretos) da criação e comercialização de marca de combate ou novas apresentações. O assunto pode ser aprofundado, chegando à margem de contribuição: mesmo quando o lucro adicional de uma nova marca ou apresentação não "paga" os investimentos realizados nesses produtos, se a margem de contribuição for positiva, o negócio vale. Imagine que um produto pode dar prejuízo e, se a empresa o retirar de linha, o prejuízo total aumentará ainda mais, pois os custos fixos serão diluídos em "menos vendas ou menos lucro". Um exemplo prático: consideremos uma empresa com duas unidades de negócios. Se a unidade A possuísse um produto "x" que desse prejuízo, e a empresa o retirasse de mercado, deveria verificar se a unidade B conseguiria arcar com todos os custos e despesas fixas de sua estrutura (e talvez a unidade B fosse inviabilizada com isso). Por isso, a margem de contribuição do produto é informação fundamental para a decisão de viabilidade financeira.

Sendo Painkiller a marca *premium*, o preço da *fighting brand* deveria ser muito próximo da marca ou do genérico que mais ganha mercado (valeria a pena fazer uma pequena pesquisa de mercado para conhecer o preço ótimo). Em diferentes apresentações da mesma marca, o preço não poderia ficar muito distante do próprio preço original do Painkiller, respeitando a relação preço *versus* quantidade por apresentação.

3 Tópicos para Discussão

- Discuta as três estratégias de gestão empresarial para levar medicamentos de marca para a população de baixa renda apresentadas no capítulo.
- Qual a abordagem de marketing que você poderia sugerir à Painkiller, que optou pelo fracionamento do produto para que este atingisse as classes mais populares?
- De que maneira deveria se estruturar a distribuição dos produtos da Painkiller nos mercados de baixa renda?
- Como a criação de uma *fighting brand* pode ser prejudicial para uma marca?

Referências bibliográficas

AAKER, D. Should you take your brand to where the action is? *Harvard Business Review*, set. out. 1997.

ANVISA. Agência Nacional de Vigilância Sanitária. *Mercado de genérico no Brasil*. Disponível em: <http://www.anvisa.gov.br>. Acesso em: 21 out. 2010.

GIOVINAZZO, R. A. *Um estudo sobre o desempenho e a estratégia das empresas que atuam no mercado de bens populares no Brasil*, 2003. Dissertação (Mestrado em Administração de Empresas) – Faculdade de Economia, Administração e Contabilidade da Universidade de São Paulo (USP), São Paulo.

PRAHALAD, C. K. *A riqueza na base da pirâmide*: como erradicar a pobreza com o lucro. Porto Alegre: Bookman, 2005.

Conclusão – Capítulo 1

> Casas Bahia e Painkiller apostaram no mercado popular, e tornaram-se exemplos de experiências pioneiras no Brasil, provando ser possível estabelecer um relacionamento promissor com uma parcela da população cujo potencial consumidor ainda era pouco explorado. Com o passar do tempo, esse mercado mostrou que preço baixo não pode ser sinônimo de qualidade inferior – e as empresas tiveram de desenvolver novas maneiras de lidar com essa realidade.

2
O desenvolvimento de produtos e serviços populares

A inovação e a competitividade das empresas

A simples liderança na participação de mercado ou os altos volumes de vendas, por si só, não são suficientes para sustentar a lucratividade das empresas. Há muitos exemplos de organizações líderes de mercado que não conseguem manter essa posição baseadas apenas na estratégia de liderança em custos oferecida pelas economias de escala e de aprendizagem.

No mercado brasileiro, empresas de setores tão distintos quanto a Volkswagem (automóveis), Multibrás (eletrodomésticos), Coca-Cola (bebidas) e Companhia Brasileira de Distribuição (comércio varejista) sofreram fortes ataques a sua liderança oriundos de concorrentes nacionais e estrangeiros posicionados com propostas de valor associadas a preços mais baixos, como a Fiat, a Enxuta, as várias tubaínas e o Carrefour.

Por outro lado, a estratégia de diferenciação aplicada cegamente em países com má distribuição de renda restringe a empresa a uma atuação focalizada, quase sempre, em um grupo relativamente pequeno de consumidores de maior poder aquisitivo. Além de gerar uma possível perda de economia de escala, em um país em desenvolvimento, essa opção pode acarretar uma grande perda de receitas potenciais.

O modelo de pirâmide de produto mostra como conviver em um mercado emergente, atacando diversos segmentos, sem perder o foco. Tendo como base da pirâmide os produtos de menor preço, busca-se volume de rendas com vistas a ganhar escala, ao mesmo tempo em que a empresa se beneficia da curva de aprendizagem.

Nos níveis superiores da pirâmide, onde a diferenciação é importante, está a zona da qual são provenientes os maiores lucros, uma vez que nesses segmentos há uma disposição a pagar mais por produtos diferenciados. Mas qual o motivo da existência de tal pirâmide? E qual é realmente seu papel estratégico?

A resposta é, de certo modo, óbvia, já que as necessidades dos diferentes estratos de renda e as preferências em cada um desses segmentos permitem construir uma pirâmide de produtos.[1] No entanto, é necessário, a partir daí, definir em que zonas da pirâmide trabalhar, o que, no caso específico dos mercados emergentes como o Brasil, deve ser a base, onde melhor se enquadra a atuação dos bens populares. Quanto ao papel estratégico, podemos destacar três:

- gerar escala e, dessa forma, viabilizar a competição baseada em custos reduzidos;
- inibir a entrada de concorrentes com o baixo preço, protegendo o acesso ao topo da pirâmide;
- obter lucro no topo da pirâmide explorando os mercados em que a diferenciação é importante.

Não estar presente na base da pirâmide, onde os preços são menores, propicia um vazio que pode ser preenchido por um novo concorrente. Se a entrada de um concorrente em segmento de baixo preço, a princípio, não incomoda, em um segundo momento gera um potencial adversário na parte superior da pirâmide. Isso se dá quando o novo entrante passa a ganhar escala e envolve a curva de conhecimento, ficando apto a desenvolver produtos de qualidade a preços superiores.

Estratégias baseadas na produção de bens de consumo populares nunca foram o forte nem de indústrias nacionais nem de multinacionais. A maioria das empresas foca no segmento de consumidores de alta renda, o que ocasiona problemas de escala e de concorrência acirrada com produtos importados. Essa cultura – muito difundida desde os anos 1950, com o modelo de desenvolvimento a partir da substituição de importações – acabou se arraigando dentro das empresas no Brasil. Existe, por outro lado, a falta de conhecimento para a inovação, necessária para desenvolver produtos para a faixa de renda inferior, o que dá continuidade à mentalidade elitista nas organizações. Dessa forma, muitas empresas acabaram criando a oportunidade de aparecimento de novos concorrentes que iniciavam sua produção com itens de menor preço, ainda que de menor qualidade, e com o tempo passaram a competir no topo da pirâmide ou ficavam com todo o lucro do segmento inferior da pirâmide.

Parece evidente que ainda não há, no Brasil, uma política industrial que induza ao desenvolvimento de novos produtos com padrões tecnológicos

---

[1] Slywotsky e Morrison (1998).

atualizados e com qualidade adequada aos segmentos de mercado de menor poder aquisitivo, nem parece haver algo nessa direção – mesmo com os evidentes sinais dados pela economia. Podemos citar, entre esses sinais, a grande participação das tubaínas no mercado de refrigerantes, a proliferação de carros "populares", ou ainda a grande venda de produtos mais acessíveis como os "tanquinhos" (máquinas de lavar roupas simples) e o sucesso de lojas de "Tudo por R$ 1,99" (menos de um dólar, no primeiro semestre de 2008).

Não estamos falando apenas de um ou outro produto popular rentável por um determinado tempo, mas de uma nova mentalidade voltada para os bens populares. Dessa forma, não basta lançar um produto de baixo preço, mas sim ter um produto competitivo de qualidade, o que não é simples para muitas empresas.

Certos determinantes são importantes para que as organizações estejam capacitadas para concorrer e, mais do que isso, vencer nesse mercado. É necessário investir agressivamente em instalações em escala eficiente, uma perseguição vigorosa de redução de custo pela aprendizagem, um controle rígido do custo e das despesas gerais, que não seja permitida a formação de contas de clientes marginais, e a minimização do custo em áreas como P&D, assistência, força de vendas, publicidade etc. O objetivo principal é obter um custo mais baixo que o dos concorrentes, viabilizando a lucratividade nesse segmento mesmo praticando preços iguais ou inferiores aos dos concorrentes.[2]

Para atingir uma posição vantajosa nessa estratégia é preciso haver uma alta parcela de mercado relativa, um ótimo sistema de compra de matérias-primas, e um sistema eficiente de logística. É necessário também um projeto de produto orientado para simplificar a fabricação, e o atendimento de todos os principais grupos de clientes de modo a expandir o volume. A introdução de tal estratégia pode urgir por investimentos elevados de capital em equipamento moderno, fixação de preço agressiva e capacidade de absorver prejuízos iniciais para conquistar parcelas de mercado.

Com essas aptidões, as empresas brasileiras podem criar produtos:

- simples: sem exageros na diferenciação
- orientados para ganhos de escala na fabricação: com padronização de componentes produzidos no próprio setor;
- duráveis: passíveis de manutenção (em vez dos descartáveis típicos de Primeiro Mundo, onde a mão de obra cara inviabiliza a manutenção);
- com ciclo de vida mais longo: o que pode proporcionar a opção de serem financiados, além da criação de um mercado secundário desses produtos;

---

[2] Porter (1986).

- ambientalmente adequados: reduzindo o consumo de recursos naturais e facilitando a reciclagem;
- com uso seletivo de tecnologia moderna: que possa viabilizar a obtenção das características citadas.

A concorrência com base em preço e a busca por diferenciação no segmento popular

O setor de bebidas vem passando, ao longo dos últimos anos, por uma situação curiosa: grandes companhias, como Coca-Cola, Antarctica, Pepsi e Brahma, são ameaçadas em sua hegemonia com o crescimento das tubaínas produzidas por pequenas empresas. Alcançando cerca de 30% do mercado de refrigerantes, essas bebidas entraram no espaço deixado pelos grandes concorrentes: o nicho dos produtos populares. Com preços baixos e, no início, caracterizadas por baixa qualidade, as tubaínas passaram a obter fatias cada vez maiores do mercado, e, com o tempo, começaram a desenvolver produtos melhores, atingindo um nível de qualidade que, se não se compara ao de grandes empresas do setor, é suficiente para alcançar um bom posicionamento no segmento de baixa renda.

Marcas como Convenção conseguiram reconhecimento e participação de mercado suficientes para alcançar alta lucratividade. Buscando a diversificação, a marca tem em seu portfólio cerca de oito sabores, satisfazendo uma gama maior de consumidores, sem deixar de praticar preços baixos. Um concorrente já posicionado nesse mercado é a Schincariol, que tem produtos de preço baixo no mercado de refrigerantes e também no de cerveja.

O quadro poderia mudar caso a Ambev, união entre Antarctica e Brahma, passasse a operar entre as classes C, D e E. Ganhando em escala, a nova empresa poderia atacar esse segmento caracterizando uma segunda marca como um produto popular. Dessa forma, a Ambev poderia conseguir o que parece impossível: superar a Coca-Cola num mercado importante como o Brasil, uma vez que a multinacional norte-americana encontra-se muito comprometida com a sua marca posicionada como *premium*.

Um caso de sucesso de empresa brasileira são os fogões Dako, marca recentemente comprada pela GE. Trabalhando no segmento de produtos de baixa renda, a Dako detém cerca de 40% do mercado nacional de fogões. Não bastasse o sucesso interno, a Dako, com seu produto de preço inferior e de qualidade adequada ao seu mercado, consegue exportar para toda a América Latina.

Outras empresas já notaram esse caminho. Um exemplo é o lançamento da Credicard de um cartão para o público "emergente", em 1997, e lançamentos de produtos como televisores, "rádios relógio" e videocassetes pela Sanyo, sob a marca Kirey. Infelizmente, essas estratégias baseadas na produção de bens de consumo populares ainda não são o forte de indústrias nacionais ou multinacionais. A maioria das empresas ainda prefere focar no segmento de consumidores de alta renda, o que ocasiona problemas de escala e de concorrência acirrada com produtos importados.

Preço, tecnologia, qualidade e sustentabilidade no mercado popular

As empresas com foco em bens populares oferecem produtos simples e baratos, com uma forte valorização do atributo preço (importante fator de competitividade). Para garantir preços mais baratos – e, dessa maneira, atingir uma parcela da população com renda limitada – e ainda manter a sustentabilidade, essas empresas adotam práticas de baixos custos, não somente na produção, mas também em outros atributos do produto: os serviços a ele agregados, a tecnologia utilizada, a forma de comunicação e outras características. Por outro lado, essas empresas buscam e valorizam a qualidade de seus produtos em termos de matérias-primas, especificações e observância das tolerâncias.

Ainda para garantir os menores preços, as empresas focadas no mercado popular apresentam um menor grau de especialização e de diferenciação de suas marcas, promovem menores investimentos de divulgação da marca nos canais de distribuição, não buscando uma liderança tecnológica e de atendimento. Reduzindo os investimentos nesses atributos, conseguem oferecer produtos mais baratos, mas simples, embora a qualidade seja adequada para o público das classes C, D e E.

As empresas que atuam no mercado popular atendem a uma gama mais ampla do mercado do que as empresas focadas nas classes A e B. Além disso, apesar de terem uma preocupação em buscar diferenciação de sua marca, não fazem altos investimentos nas mídias tradicionais, estando mais propensas a apoiar os canais de distribuição e os pontos de venda de seus produtos do que desenvolver a identificação da marca para o consumidor final.

No que se refere ao quesito tecnologia, as empresas focadas em bens populares procuram em menor grau a liderança tecnológica e o desenvolvimento de pesquisa avançada do que aquelas que atuam no mercado de mais alta renda. Entretanto, utilizam a tecnologia já difundida para oferecer produtos de qualidade, embora menos sofisticados em termos de avanço e novidades tecnológicas.

Na dimensão atendimento, as empresas voltadas para os bens populares proporcionam aos seus clientes uma menor quantidade de serviços auxiliares, tais como assistência técnica, rede própria de atendimento, crédito, entre outros. Embora tenham uma preocupação em oferecer serviços auxiliares, estão mais próximas de prestar o atendimento básico do que as empresas que atuam no mercado de alta renda, que oferecem serviços agregados mais sofisticados na busca pela diferenciação de seus produtos.

Na Tabela 2.1 é possível ver, de maneira clara, quais são as variáveis críticas para a estratégia das empresas com foco no mercado de baixa renda. Bons resultados nessas dimensões permitem uma definição de um perfil estratégico claro e consistente das empresas que atuam na base da pirâmide.

Tabela 2.1 Variáveis críticas para a estratégia de empresas com foco no mercado de baixa renda

Variáveis críticas relevantes	
Preço	Variável mais relevante para a estratégia das empresas, que praticam os preços mais baixos do mercado, tendo esse fator como principal componente competitivo.
Custo	Essas empresas têm os baixos custos como importante componente estratégico, investindo em instalações, equipamentos e métodos que reduzam os custos, buscando praticar o menor custo possível como principal fator estratégico, ao lado dos preços baixos.
Canal de distribuição e diferenciação	Embora sua competitividade seja proveniente dos baixos preços, essas empresas buscam um certo grau de diferenciação de marca. Entretanto, a principal forma de fazer essa diferenciação não é via publicidade, ou seja, por meio de investimentos para desenvolver a identificação da marca diretamente com o consumidor final, mas por meio da promoção e do apoio aos canais de distribuição e aos pontos de venda de seu produto.
Qualidade	Quanto ao nível de qualidade, as empresas buscam atender a todos os requisitos em termos de matérias-primas, especificações, observância das tolerâncias etc.
Variáveis menos relevantes	
Especialização/ Diversidade de produtos e segmentação	Com relação ao grau em que as empresas empenham seus esforços em termos da amplitude da linha de produtos ou segmentos de mercado, as empresas com foco no mercado popular se dedicam a uma variedade menor de produtos ou segmentos de mercado do que as empresas com foco nas classes A e B, que atuam com uma maior amplitude de produtos/segmentos.
Atendimento	Com relação aos serviços auxiliares prestados com a sua linha de produtos, como assistência técnica, uma rede própria de atendimento, essas empresas não proporcionam serviços auxiliares sofisticados e diferenciados, prestando apenas o atendimento básico.
Identificação da marca e publicidade	Diferentemente das empresas com foco nas classes A e B, que desenvolvem totalmente a identificação da marca para o consumidor final, as empresas focadas no mercado de baixa renda não buscam a distinção da sua marca como principal fator competitivo, via publicidade, mas buscam a diferenciação junto aos canais de distribuição.
Tecnologia	Quanto ao grau em que a empresa procura a liderança tecnológica no seu setor *versus* um comportamento imitativo em termos de tecnologias de produtos e processos, a empresa focada no mercado popular não desenvolve pesquisas, utilizando tecnologias já conhecidas e difundidas.

Fonte: Elaborada pelos autores.

As empresas que resolvem apostar em produtos para as classes populares adotam estratégias diferentes para posicionar seus produtos e conquistar uma maior fatia de mercado. No caso do perfume Amor Selvagem, da empresa Anantha, temos um exemplo típico de empresa que começa com a base da pirâmide para depois tentar conquistar espaço entre os produtos *premium*. Já no caso dos Biscoitos Festiva, o foco centrado no mercado popular e a busca do ganho pela escala foram os grandes diferenciais.

Referências bibliográficas

SLYWOTZKY, A. J.; MORRISON, D. J. *A estratégia focada no lucro. Profit zone*: desvendando os segredos da lucratividade. Rio de Janeiro: Campus, 1998.

PORTER, M. *Estratégia competitiva*: técnicas para análise de indústrias e da concorrência. Rio de Janeiro: Campus, 1986.

Casos

Anantha – O perfume Amor Selvagem[3]

O êxito do perfume Amor Selvagem, da Anantha, deveu-se principalmente ao esforço no desenvolvimento adequado do produto e à estratégia agressiva de marketing.

No início, vários desafios estavam no caminho da empresa: como lançar mais uma marca de perfumes num mercado maduro, com alto grau de concorrência e com líderes nos respectivos canais de venda? Quão grande era o risco de apostar em uma única categoria de produto?

Outro ponto crucial era escolher entre um produto com marca própria ou optar pelo licenciamento. Nesse caso, a segunda opção foi eleita, e a Anantha decidiu pela dupla Zezé Di Camargo & Luciano para que agregasse ao produto a imagem de artistas nacionalmente conhecidos. Os cantores atendiam ao principal apelo do marketing: a questão da paixão para o público feminino.

Em pouco tempo o Amor Selvagem ficou conhecido e tornou-se desejado pelas classes populares. A extensão da linha de produtos realizada posteriormente seguiu a mesma filosofia do primeiro licenciamento.

Após um ano do lançamento de Amor Selvagem, iniciou-se um trabalho para introdução da marca Anantha Perfumes e Cosméticos nos produtos em substituição do nome de Zezé Di Camargo & Luciano.

A companhia aproveitou para começar a investir em produtos de marca própria voltados para classes A e B. Porém, para atingi-las, seu bloqueio ao produto deveria ser desconstruído e essa não foi uma tarefa simples. Usou-se de larga demonstração para que o público percebesse o quanto aquela fragrância podia satisfazê-lo.

A marca conseguiu se consolidar entre os novos consumidores, principalmente por atributos como qualidade e prestígio.

---

[3] Elaborado com base em ADDE, M. *O Perfume Amor Selvagem*: um estudo de caso de mercado. Estudo de caso em administração para aplicação em aulas da Fundação Instituto de Administração. São Paulo, 2007.

O desenvolvimento de produtos e serviços populares

1 Introdução

O desenvolvimento do produto e a estratégia de marketing foram fundamentais para o êxito do lançamento do perfume Amor Selvagem, da Anantha. Qualidade na escolha das matérias-primas e do design das embalagens, aliada a um preço baixo e ao esforço de propaganda nos pontos de venda, fizeram com que o produto logo ficasse conhecido – e fosse desejado – pelas classes populares.

Em meados do ano 2001, um grupo de investidores resolveu aportar capital no mercado nacional para abertura de uma empresa de perfumes e cosméticos. Apoiado por um projeto, esse grupo se cotizou para financiar o lançamento de uma marca própria no mercado de perfumes para, posteriormente, estender essa marca a outras categorias de produtos, como xampus. Essa decisão foi apoiada em alguns fatores.

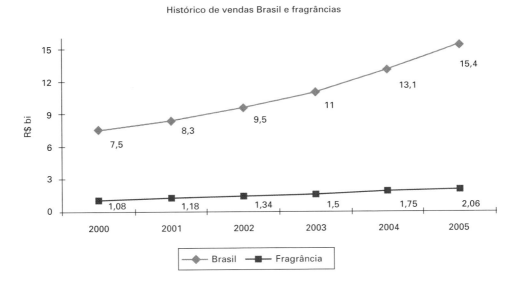

Figura 2.1 Histórico de vendas totais de cosméticos e de fragrâncias.
Fonte: Abihpec/Sipatesp.

Nessa época, o mercado total de cosméticos, artigos de toucador e fragrâncias estava na ordem de R$ 7,5 bilhões (vendas líquidas) e com crescimento nos anos seguintes, descontada a inflação dos períodos, de 8,2% ao ano, contra um crescimento médio da economia brasileira da ordem de 2,4% no mesmo período.

Esse crescimento era causado, entre outras coisas, pelo aumento da participação das mulheres no mercado de trabalho, pela melhoria substancial da tecnologia no desenvolvimento e fabricação dos produtos, pela queda da taxa de câmbio – fator que barateava os insumos – e pela melhora na expectativa de vida, que proporcionava um cuidado maior com a aparência e preservação de uma feição mais jovial. No Brasil, o mercado de cosméticos, toucador e fragrância (conhecidos como produtos CFT) sempre foi caracterizado pela presença de muitos fabricantes (importados, grandes grupos multinacionais, grupos nacionais consolidados e uma enorme fatia de pequenos e médios fabricantes) e por três canais básicos de distribuição:

- distribuição tradicional (varejo e atacado);
- venda direta (evolução da venda domiciliar, mais conhecida como "porta a porta");
- redes de franquia.

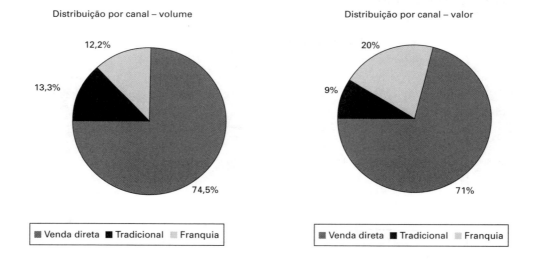

Figura 2.2 Gráfico de distribuição por canal – volume e valor.
Fonte: Abhipec.

Por ser um mercado extremamente atraente, há uma enorme profusão de marcas em todos os segmentos pelo simples fato de sua fabricação ser de fácil manipulação e composição. Havia, até o primeiro semestre de 2006, 1.415 fabricantes registrados no País e que empregavam 2,8 milhões de pessoas.

O Brasil é um dos maiores mercados mundiais de produtos de higiene, perfumaria e cosméticos e, no período de 1992 a 2000, esse mercado sofreu um forte impulso pelo crescimento consistente na classe C. Isso levou a uma mudança na estratégia das empresas, de modo a adequar produtos e serviços para atender um potencial de consumo da ordem de R$ 226 bilhões. Juntamente com o acréscimo de mais de 3,4 milhões de famílias com renda entre quatro e dez salários mínimos, começaram a aparecer as *b-brands*, sinônimo de marcas mais baratas e de qualidade inferior.

De acordo com um estudo realizado pela The Boston Consulting Group, o aproveitamento desse segmento ficou por conta das empresas brasileiras, uma vez que as grandes empresas multinacionais focam as classes A e B por meio de modelos universais de comunicação e marketing, e essa estrutura apresenta dificuldades para gerir esses modelos de negócios (*up-scale* versus *low-end*).

2 O caso: Anantha – O perfume Amor Selvagem
2.1 *A Anantha Perfumes e Cosméticos*

A missão da Anantha era prover o mercado com produtos associados à satisfação pessoal do consumidor, com fragrâncias que remetessem a uma situação de conforto, frescor e bem-estar. O nome da empresa tem origem no sânscrito e significa "vida longa", aquilo que perdura.

Como estrutura matricial de decisão, buscou-se um corpo de profissionais de diversas áreas e com experiência reconhecida para a gestão do projeto cujo *core* de responsabilidades estava no desenvolvimento de produtos, na concepção da estratégia de marketing e no estrito controle dos ativos disponibilizados. Já o restante do *staff* ficou responsável por gerenciar, além dos objetivos propostos, contratos de prestação de serviço. Entre esses contratos, dois eram vitais:

- vendas, que possuía uma estrutura de representantes espalhados pelo Brasil;
- produção, na contratação de um terceirista. Essa opção deixava clara a intenção de não imobilizar capital no início, quando gastos com marketing seriam elevados, optando por manter esse custo como variável.

Com isso, formou-se uma estrutura moderna de gestão, na qual o foco estava na prospecção constante das oportunidades de mercado por meio do menor custo e com as melhores opções de suporte ao perfeito lançamento de produtos no mercado.

A empresa instalou-se na capital de São Paulo, onde estavam localizados os principais fornecedores e prestadores de serviço e, de imediato, fez parte do sindicato das indústrias de cosméticos, um dos mais ativos que compõem a Fundação das Indústrias do Estado de São Paulo (Fiesp).

2.2 *Estratégia de lançamento*

Como lançar mais uma marca de perfumes num mercado de certa forma maduro, com alto grau de concorrência e com líderes de produto nos respectivos canais de venda? O desafio se intensificava com a aposta da empresa em uma única categoria de produto.

A primeira missão da Anantha era escolher entre um produto com marca própria e o licenciamento. Também devia decidir entre os canais de venda direta ou de distribuição tradicional. A marca própria dependeria de um longo tempo entre lançamento, crescimento e amadurecimento de uma gama de produtos para realizar os ganhos esperados pelo investimento. Optou-se então pelo licenciamento, ou seja, agregar ao produto a imagem de um renomado artista de penetração nacional e que, com sua exposição, traria valorização à marca e conhecimento do produto.

Há vários casos de licenciamento de sucesso, como linhas de produtos mundiais de perfumes que foram lançados como complementação de outros segmentos – como Armani, Yves Saint Laurent e Chanel. Esses negócios prosperaram de tal modo que se tornaram independentes e deixaram de ser simples complementação do mundo da moda, ou seja, apresentam volumes e rentabilidades suficientes para serem tratados de forma autônoma.

Após pesquisas com artistas brasileiros, a Anantha decidiu pela dupla Zezé Di Camargo & Luciano, com quase 13 anos de sucesso à época, mais de cinco milhões de fãs, aproximadamente 120 shows por ano e vendas anuais de 1,5 milhão de discos. A dupla, a cada lançamento, atingia a emissão de 1 milhão de CDs, e tinha contrato com uma das principais gravadoras do País, a Sony Music.

Com essa escolha, a empresa passou para a fase das pesquisas quantitativas e qualitativas, com mulheres de 18 a 35 anos, das classes B, C e D, para definir o que as fãs esperavam de um produto licenciado Zezé Di Camargo & Luciano. Os resultados ajudaram a determinar o desenvolvimento do frasco, da fragrância e da comunicação ao mercado do lançamento que viria juntamente com o próximo CD.

Na época, ficou evidenciada a questão da paixão, do amor que as letras das músicas transmitiam ao público, predominantemente feminino. Elas queriam um perfume que passassem todo o romance e emoção que sentiam ao ver e ouvir a dupla, como se fizessem parte da intimidade dos artistas. Para o desenvolvimento do *layout* do perfume – frasco e tampa –, foi escolhida a Agência A10, com sucessos comprovados como a garrafa da Skol Beats. A cor, associada ao amor, foi o vermelho.

Como a Anantha tinha como estratégia atuar no mercado de semiprestígio, escolheu um dos maiores fornecedores de fragrâncias do mercado nacional – a multinacional Givaudan, que atende clientes como L'Oréal e Armani. O *briefing* era para a criação de uma fragrância que exalasse sensualidade e feminilidade, explorasse notas frutais e florais em uma combinação que passasse sensações de romance, calor e carinho. Os perfumistas da Givaudan desenvolveram várias amostras da fragrância com uma concentração de 10% de essência e fixação de mais de seis horas. As amostras foram submetidas a uma pesquisa sensorial para aprovação.

O nome para o lançamento foi também sugestão das fãs que, entre as músicas da dupla, declararam preferência pela canção Amor Selvagem. O preço final sugerido também foi positivamente aprovado, ficando na faixa dos similares de Natura e O Boticário.

Os frascos foram importados da Alemanha e pintados de vermelho. A tampa, em forma de coração translúcido, feita com resina desenvolvida pela 3M e importada dos Estados Unidos, e os óleos da fragrância foram importados da França.

Para o processo e a montagem do perfume foi contratada uma terceirista – a empresa Lipson, que também presta serviços para a Avon. Como portfólio de lançamento, foram confeccionados perfumes com 100 e 50 ml, Loção Hidratante e Óleo para Banho, ambos com 200 ml e com a mesma fragrância do perfume. Após acertos contratuais com Zezé Di Camargo & Luciano, o perfume chegou ao mercado juntamente com o lançamento do CD de 2002.

2.3 *O plano de marketing*

A vantagem de licenciar um produto com o nome de uma pessoa famosa é a forte exposição espontânea, uma vez que a utilização dos meios de comunicação é feita de forma gratuita pelos artistas. Como o lançamento do perfume seguiu ao do CD, os artistas divulgavam sua música em programas como os de Fausto Silva, Gugu Liberato e Hebe Camargo e aproveitavam o espaço para mostrar e distribuir o perfume. A mesma estratégia foi usada em programas de rádio, shows e entrevista em revistas e jornais. Houve, no início, uma forte exposição do produto, que também contava com um vídeo institucional e com a declaração da dupla. Além disso, ao adquirir o perfume, as fãs ganhavam um pingente banhado a ouro.

Na época da confecção do plano de marketing, além de todo o material *non-media* como cartazetes, *banners*, publicação em revistas especializadas e o cartucho do produto com a foto da dupla, foi lançada uma ideia que alavancou as vendas e abriu pontos de venda a custo zero: foram confeccionados mais de 1 milhão de sachês que foram inseridos no próprio disco dos cantores. Cada sachê continha um lenço umedecido com o perfume, e no encarte era possível obter todas as informações sobre o produto, inclusive como localizar os pontos de venda.

As amostras aceleraram a procura pelo perfume e facilitaram a entrada do produto nas grandes redes do varejo. Em redes como as do Grupo Pão de Açúcar, é normal a cobrança de taxa para a introdução de novos produtos. Mas, como os CDs já eram vendidos no setor de eletrônicos dos supermercados, os fãs voltavam à loja procurando o perfume que conheceram pelo sachê. Com o volume de solicitações, houve uma inversão na necessidade do produto nesses pontos de venda, uma vez que as gerências das lojas começaram a cobrar o setor de compras da sede da empresa para a presença iminente do perfume.

O Pão de Açúcar chamou a Anantha e o contrato foi fechado sem muitas complicações e da maneira mais rápida possível. Passou-se então a uma nova fase e, além do varejo tradicional de perfumes, o produto foi colocado nas gôndolas dos supermercados. O Wal-Mart, seguindo o concorrente, colocou os perfumes na sua rede de lojas.

O produto era paulatinamente distribuído em todo território nacional, a exposição da dupla seguia conforme a grade de lançamento do CD. Programas de televisão e rádio eram seguidos pela exposição do perfume de forma espontânea, uma vez que as entrevistas davam espaço para o merchandising dos artistas e, por conseguinte, propaganda gratuita para a Anantha.

Essa exposição de mídia alavancou os negócios por intermédio da rede de representantes autônomos. Sorteios de perfumes em rádios, distribuição de sachês e contratação de promotoras completavam o primeiro ciclo da divulgação e lançamento do produto. Também foi forte a presença do Amor Selvagem em shows, com farta distribuição de camisetas, cartazetes autografados pela dupla, distribuição de sachês e sorteio de perfumes para a plateia.

Foi necessário apoio de uma assessoria de imprensa para divulgação nos meios apropriados e presença nas principais edições das revistas de moda feminina. Com esse trabalho, o perfume foi sendo conhecido de modo espontâneo, uma vez que as editoras testam e aprovam o produto que indicam nas respectivas seções de consultoria de moda.

2.4 Extensão de linha

Passado um ano, as mais diversas ações realizadas, foi feita a extensão da linha de produtos, como novas fragrâncias, seguindo a mesma filosofia do primeiro licenciamento, e a introdução de novas categorias, como, por exemplo, Body Splash, com maior volume por unidade e dosagem de fragrância menor.

Houve, também, o início da substituição do nome dos artistas nas embalagens pela marca Anantha, com o forte propósito da associação da marca com produtos de alta qualidade e sem a necessidade de renegociação de contratos com clientes que já compravam o produto existente.

Com o sucesso obtido, outros artistas e personalidades buscaram o serviço da Anantha, mesmo para linhas infantis e masculinas. Nesse momento foi desenvolvida uma linha para exportação, uma vez que o perfume Amor Selvagem chegou até os mercados latino-americanos, ao mercado norte-americano e, inclusive, ao mercado europeu.

2.5 A questão do licenciamento

Em geral, os licenciamentos são utilizados para alavancar produtos existentes e de qualidade duvidosa. Esse não foi o caso de Amor Selvagem, e, com isso, a Anantha mostrou ser possível fazer um trabalho sério e competente, encontrando, em troca, um mercado bastante receptivo.

Existem indivíduos perspicazes e que percebem uma oportunidade e saem batendo de porta em porta a fim de chamar a atenção para seu produto. Com a escolha do licenciamento, houve uma explosão na utilização da mídia para um único lançamento, com a participação efetiva dos artistas. Percebe-se que as ações pensadas e feitas durante todo o processo de licenciamento chamaram a atenção do mercado pelo empreendedorismo, pela iniciativa em tentar coisas até então novas, como o caso do sachê no CD, e pela exposição de um produto de ótima qualidade, mas com um público bem definido nas classes C e D.

Os esforços feitos no início do lançamento trouxeram, num curto prazo, a menção da marca em pesquisas de mercado realizadas por institutos como a ACNielsen. Os valores envolvidos no desenvolvimento do perfume, apesar de amparados em pesquisa de preço no mercado consumidor, acabaram produzindo um produto extremamente sofisticado para o público em questão.

Com o fim do licenciamento, três anos após o lançamento de Amor Selvagem, a Anantha começou a investir em produtos de marca própria. Nesse processo de migração, a empresa – que queria se voltar para grupos da classe A e B – deparou-se com um problema: o bloqueio desse público ao produto, associado à imagem dos cantores. Foi necessário usar de larga demonstração, agregar serviço ao valor percebido pelo cliente, para que este percebesse o quanto aquela fragrância podia satisfazê-lo, uma vez que era inspirada nos maiores sucessos do mercado de prestígio (marcas importadas).

Ainda com referência ao desenvolvimento do produto, era fundamental que a cadeia de custos fosse extremamente enxuta, pois o preço final era restritivo ao consumo esperado e a migração para outras classes despendia mais tempo e dinheiro.

2.6 O portfólio do produto

A Anantha optou pela distribuição tradicional – varejo e atacado – com uma estrutura enxuta formada por uma rede de representantes autônomos em todos os estados brasileiros. Antes do lançamento do produto, foi realizada uma convenção de vendas para apresentação do portfólio e do plano de marketing. Em pesquisa realizada após evento, houve uma forte impressão e engajamento de todos ao projeto.

O mercado de perfumes tem por característica a sazonalidade. Datas como Dia das Mães, Dia dos Namorados, Dia dos Pais e Natal estão entre as principais para a venda do produto. Além disso, o giro de perfumes é mais lento, uma vez que é um produto de consumo moderado, que dura longo tempo. Portanto, era fundamental a presença de um portfólio de produtos, bem como mais de uma categoria, para manter o foco dos representantes no trabalho com a marca Anantha, pois a sazonalidade, financeiramente, não compensava a muitos dos que se comprometeram a participar do projeto. Juntamente com o perfume, havia a necessidade de desenvolvimento de produtos em outras categorias, como xampus, cujas venda e giro são muito mais dinâmicos, proporcionando à equipe de vendas um retorno constante de rendimentos.

O que se viu no caso da Anantha foi a aposta em uma única categoria e um alto investimento que cobrisse toda a receita esperada, sem contar com um melhor estudo de comportamento de mercado, e a falta de sustentação financeira à força de vendas, pela restrição de um portfólio mais amplo.

2.7 Pesquisas de mercado

Uma pesquisa realizada por The Boston Consulting Group (BCG) estimou um mercado popular de consumo de R$ 226 bilhões e 12 milhões de lares. Cerca de 65% da renda dessa população é consumida entre alimentação e moradia. Quase 50% da renda dessa classe social é gasta em supermercados – por isso esse canal é fundamental para saída de qualquer produto pensado para essa classe.

Outro dado interessante desse estudo diz respeito ao papel da mulher: elas são as mais ativas em poupar e, portanto, o gasto com produtos supérfluos é um limitante para o planejamento da confecção e do preço dos perfumes para classe popular (a qual pertencia enorme parcela das fãs da dupla Zezé Di Camargo & Luciano). Mesmo assim, quando sobra dinheiro nas compras picadas, há a tendência para adquirir supérfluos que agradem toda a família, e não para a satisfação de uma vontade individual.

A pesquisa ainda demonstrava que entre os itens indispensáveis na lista de compras de higiene pessoal estavam o xampu e o desodorante, sendo esse último o substituto do perfume. O preço, para essa classe, não era fator único e preponderante para a escolha. Havia também a questão de status da marca e, no caso de higiene pessoal, o "cheiro" (qualidade) era um fator impulsionador da compra. Portanto, amostragem era fundamental para a venda do perfume, sendo que em toda gôndola deveria haver um provador (*tester*).

Considerando esse quadro, a Anantha antecipou um dos lançamentos complementares à linha de Deo Colônias Amor Selvagem. Surgiu assim o Body Splash, utilizando frasco de polivinil cloreto (PVC), com 200 ml (os perfumes eram de 50 ml e 100 ml) e concentração de fragrância de 6%, contra 10% das Deo Colônias. Esses produtos ocuparam as gôndolas dos supermercados e seu preço final era compatível com o canal, além de ser do agrado do consumidor.

As pesquisas realizadas pela Anantha não responderam a todos os questionamentos prévios ao lançamento, ficando dúvida quanto ao público-alvo para posterior reposicionamento. Os investimentos deveriam ser feitos de forma mais parcimoniosa, prevendo gastos extras com acertos na estratégia pensada e com lançamento em sequência para aproveitar o momento positivo pelo engajamento de toda a estrutura. Era fundamental a discussão entre os pares para a tomada de decisão de como e onde fazer os investimentos. Às vezes, a simplicidade na escolha de como fazer esconde o desconhecimento de todos os pontos-chaves que envolvem o projeto, o que ficou de certa forma claro na vida da Anantha.

2.8 O reposicionamento do produto para as classes A e B

Após um ano do lançamento do perfume Amor Selvagem, iniciou-se um trabalho para introdução da marca Anantha nos produtos em substituição do nome de Zezé Di Camargo & Luciano. Em todo o material *non-media*, inclusive na extensão das linhas de produtos, passou a ser destaque a marca Anantha, associada à qualidade e à satisfação com as fragrâncias de diferentes genealogias.

Com o novo cartucho e material de merchandising para o perfume Amor Selvagem, foram realizados processos de demonstração do produto para diferentes públicos e, sem nenhuma identificação da dupla, era muito boa a aceitação do perfume pela sua disposição e pela fragrância apresentadas. O perfume passou a ter destaque nas lojas de semiprestígio após desassociação com a imagem dos cantores e pela percepção de que a qualidade era o fator primordial da marca.

O reposicionamento, mesmo de marcas bem-sucedidas, é necessário e comum, seja por concorrência ou mudança da preferência de clientes. No caso de Anantha, a comunicação foi o melhor instrumento para atrair novos consumidores de outras classes, mas também foi necessário o desenvolvimento de novas embalagens para atração desse novo público-alvo.

Com a decisão de reposicionar a marca para as classes A e B, todos os materiais foram gradativamente substituídos, ficando em destaque o nome Anantha Perfumes e Cosméticos. Os cartuchos foram substituídos, sem a foto e o nome da dupla, sendo confeccionados em tamanho maior para melhor destaque nas prateleiras. Também foram realizadas visitas aos principais clientes, juntamente com os representantes, para explicar o processo que se iniciava naquele instante.

A marca ficou entre os preços das principais categorias de semiprestígio – Natura e O Boticário –, conseguindo atingir diferentes públicos e tendo segmentos de linhas para jovens, mulheres e homens. Como houve uma facilitação na abertura do canal de autosserviço, na sequência foi lançado o xampu Anantha, também com uma nova proposta e diferenciação nas embalagens, porém com margens bem apertadas, pois o mercado sofria com alta concorrência e o volume de produção era fundamental para ganhos de escala.

Para o mercado popular foi posicionada a categoria de Body Splash, com embalagens com apelo para o canal supermercado e preço compatível, sendo a primeira opção após a compra de bens de higiene pessoal. Um eventual lançamento de desodorante também foi estudado, mas as margens apertadas do produto fizeram a ideia ser descartada, uma vez que não era possível agregar algo novo para possibilitar o giro e, quem sabe, o impulso de produtos de maior valor agregado.

Apesar dos erros e acertos, a marca conseguiu se consolidar, nem tanto como provedor de produtos populares, mas com atributos como qualidade e prestígio. Os benefícios funcionais e emocionais foram plenamente alcançados, com a percepção de um preço justo pelo produto de alta qualidade e pelas fragrâncias, que traduziam as emoções esperadas pelo excelente equilíbrio e harmonia das essências oferecidas em diversos produtos.

3 Tópicos para Discussão

- Qual foi o fator decisivo para a Anantha lograr sucesso em um mercado considerado maduro e com alto grau de concorrência?
- Quais as transformações implementadas pela Anantha para mudar o direcionamento de seus produtos para as classes A e B?
- Por que a escolha da dupla Zezé Di Camargo & Luciano foi fundamental para o sucesso de divulgação do perfume Amor Selvagem?
- Quais as vantagens de optar pelo licenciamento de um produto?
- "Foi lançada uma ideia que alavancou as vendas e abriu pontos de venda a custo zero. Foram confeccionados mais de 1 milhão de saches que foram inseridos no próprio disco dos cantores. Cada sachê continha um lenço umedecido com o perfume e, no encarte, era possível obter todas as informações sobre o produto, inclusive como localizar os pontos de venda."
- O exemplo apresentado aqui mostra a importância de um marketing inovador para a divulgação e direcionamento de um novo produto. Você acha que ação semelhante surtiria efeito com as classes A e B?
- De que maneira a simplicidade na escolha da nova linha de produtos da Anantha pode acarretar problemas e evidenciar desconhecimento da plenitude do projeto?

A Anantha conseguiu firmar sua marca no mercado, tanto com linhas para as classes A e B quanto com produtos populares. Uma estratégia diferente daquela adotada pelos Biscoitos Festiva, cujo foco sempre foram os consumidores das classes mais baixas da população.

Referências bibliográficas

ABIHPEC/SIPATESP. Associação Brasileira da Indústria de Higiene Pessoal, Perfumaria e Cosméticos. Disponível em: <http://www.abihpec.com.br>. Acesso em: 21 out. 2010.

BOSTON Consulting Group, The. *Estudo de mercado popular*. Disponível em: <http://www.bcg.com>. Acesso em: 21 out. 2010.

KOTLER, P. *Administração de marketing*. São Paulo: Prentice Hall, 2005.

Biscoitos Festiva – Aposta nas *b-brands*[4]

Com capital 100% nacional, a fabricante de biscoito Festiva iniciou suas atividades em 1997, com foco no mercado de produtos para as classes de menor renda. Contando inicialmente com 35 funcionários, encerrou o ano de 2001 com mais de 400, com faturamento de R$ 42 milhões e exportando produtos.

A empresa surgiu para preencher um vácuo existente no mercado. Os tradicionais fabricantes alimentícios se focam em competir nos mercados das classes A e B, nos quais as margens são maiores. Havia uma grande demanda reprimida nas demais classes sociais.

A Festiva apresentava preços até 50% menores que os dos grandes fabricantes. Para isso, usufruía de tecnologia e um eficiente plano de marketing. Comercializava seus biscoitos exclusivamente com pequenos estabelecimentos, considerados um canal mais próximo ao seu público-alvo.

O aparecimento de empresas focadas no atendimento da classe C fez com que o mercado das grandes companhias logo diminuísse: em 2001, o *share market* da Festiva atingiu 4,2%, enquanto a Nestlé percebeu redução de 16% em suas participações.

Seu êxito possibilita que se entenda o crescimento das chamadas *b-brands* no Brasil. Fatores como produção local, baixos custos de operação e produção, poucos investimentos em pesquisa e marketing, profundo conhecimento das necessidades e linguagem dos consumidores, margens de lucro moderadas e foco no pequeno varejo são características comuns nesse segmento.

Com tamanhas exigências, realizar mudanças no portfólio dos produtos e direcioná-los para as classes mais pobres mostrou não ser uma tarefa fácil. As grandes empresas multinacionais sofrem para atingir as classes populares. Em virtude de suas peculiaridades, esses consumidores requerem uma oferta competitiva própria.

---

[4] Elaborado com base em: FARIA, J. V.; TATEISHI, J. S.; AYMORÉ FILHO, C. A. V. *Biscoitos Festiva*. Trabalho de Conclusão de Curso apresentado ao MBA Executivo Internacional da Fundação Instituto de Administraçã – Turma 21. FIA: São Paulo, 2003. Orientadora: Profa. Dra. Nadia Vianna.

Em 2002, a combinação entre aumento abrupto nos custos, forte retração no consumo de biscoitos e vencimento das parcelas dos empréstimos levou a empresa a pedir concordata preventiva. O destino e a história da companhia nos mostram que não basta tomar a simples decisão de realocar produtos das classes mais ricas para os mais pobres. É necessário que haja um planejamento específico para atender a demanda dos novos clientes.

1 Introdução

Com um posicionamento de mercado claro e com o desenvolvimento de estratégias para atender o mercado popular – garantindo produtos inovadores e apoio ao canal de distribuição – a Biscoitos Festiva conseguiu seu espaço no competitivo mercado de produtos alimentícios e bateu grandes e conhecidas marcas multinacionais na mesa dos consumidores de classes C, D e E.

A Festiva, fabricante paulista de biscoito, começou suas atividades em 1997, objetivando o mercado de produtos para as classes de menor renda. Iniciando suas operações com apenas 35 funcionários, encerrou o ano de 2001 com faturamento de R$ 42 milhões, exportando produtos e com mais de 400 funcionários. A análise do seu êxito possibilita que se entenda o crescimento das *b-brands*, ou produtos B, no Brasil, como também alguns elementos característicos desse mercado.

Fatores como produção local, baixos custos de operação, poucos investimentos em pesquisa e marketing, profundo conhecimento das necessidades e linguagem dos consumidores, margens de lucro moderadas e foco no pequeno varejo são características comuns nesse segmento.

1.1 *Classe C e marcas B*

Ao longo de sua história recente, as empresas multinacionais de alimentos trouxeram para o Brasil diversos produtos e hábitos alimentares de seus países de origem. Com intensas e dispendiosas campanhas de publicidade e marketing, elas conquistaram os mercados locais, que passaram a consumir seus produtos e as tornaram líderes do mercado. No entanto, o público-alvo desses produtos ficou quase que totalmente concentrado nas classes sociais mais altas por causa do elevado preço de algumas categorias.

Centrados em competir nos mercados das classes A e B, em que as margens são maiores, os tradicionais fabricantes de produtos alimentícios estão perdendo a liderança em virtude do aparecimento de empresas focadas no atendimento da classe C, até então fora do mercado de consumo de alguns segmentos e, certamente, fora das estratégias dos grandes fabricantes.

Estudos recentes dos institutos ACNielsen e CBPA contabilizam perdas em participação de mercado de 63% em 157 categorias dos produtos pesquisados. As maiores perdas ocorreram no segmento de bebidas não alcoólicas, alimentos e doces, além de limpeza caseira.

A partir de meados da década de 1990, a classe C no Brasil apresentou crescimento significativo na sua base de famílias e no seu potencial de consumo, passando a ser alvo de interesse dos principais fabricantes e varejistas de bens de consumo, principalmente alimentos. Especificamente a classe C passou a comprar mais, porém com mais critério, pois, ao contrário das classes A e B, sabe que tem um orçamento doméstico limitado e, por isso, não compra somente pela marca ou só pelo preço baixo, também exige qualidade. Outro ponto importante nesse contexto refere-se à reação das tradicionais multinacionais e à própria concorrência no setor de marcas B. A análise do posicionamento estratégico e de mercado das pequenas e grandes empresas pode nos dar elementos para algumas projeções.

Uma característica marcante nas grandes empresas multinacionais é o uso das estratégias globais de negócio. Essas estratégias aplicadas no mercado brasileiro forçam o foco nas classes A e B, em decorrência do modelo de padronização de oferta de produtos, e também, de forma expressiva, do modelo de globalização de comunicação e marketing. As classes A e B são responsáveis por 52% do total do consumo e equivalem a R$ 428 milhões, muito mais que a soma do poder de consumo das demais classes. No entanto, nas classes A e B, a taxa de consumo *per capita* dos produtos de varejo está próxima da saturação.

O censo de 2000 do IBGE mostrou que as classes A e B representavam 19% dos domicílios brasileiros. Isto é, quase 1/5 de todo o mercado. Esse mesmo censo mostrou que as classes D e E representavam 51,9% dos domicílios, pouco mais da metade do mercado. Mas estas classes têm baixíssimo poder aquisitivo, menos de quatro salários mínimo mensais, em média, como renda familiar. Já a classe C, até então pouco ou não considerada pelas grandes multinacionais na análise de mercado, representava 30,1% dos domicílios brasileiros, isto é, quase 1/3 do mercado, sendo, portanto, muito maior que as classes A e B.

Essa classe C tem renda média familiar mensal entre quatro e dez salários mínimos e responde por 28% do consumo nacional, o que equivale a R$ 226 milhões anuais em compra. Mesmo sem a capacidade de consumo e a sofisticação das classes A e B, a classe C possui quase todos os bens básicos para uma vida urbana, índices que variam de 100% para posse de televisor, rádio e geladeira a 42% para posse de automóvel. E, no consumo frequente, os gastos com supermercados representam 48%, os gastos com moradia representam 17% e os gastos diversos (telefone, saúde, transporte, vestuário, lazer, caridades, educação etc.) representam 35%. Para 80% dos domicílios da classe C sobram, em média, R$ 128,00 por mês, para acumular reservas. Já os gastos com supermercados representam, em média, R$ 337,00 por mês.

As grandes empresas multinacionais, além de estarem focadas nas classes A e B por causa da estratégia global, vêm demonstrando dificuldades para superar a saturação dessas classes, passando a avaliar a classe C como alternativa para crescimento. No entanto, a classe C, em virtude de suas características, requer uma oferta competitiva própria. As estratégias mais eficientes até o momento têm sido aquelas com baixos custos de produção, margem de lucro moderado, foco no pequeno varejo e baixo investimento em pesquisa e marketing. Esse conjunto de ações fez surgir uma classe de produtos denominados produtos B. Apesar de serem, tradicionalmente, marcas mais baratas e com qualidade inferior às das marcas líderes e tradicionais, na maior parte das categorias não há percepção de diferença significativa de qualidade entre os produtos A e os produtos B. Em algumas categorias, os produtos B têm a qualidade percebida muito alta, como nos casos dos refrigerantes, sabonetes, amaciantes, arroz e xampu. Em outras categorias, os produtos B são pouco aceitos, como no caso das cervejas e sabão em pó.

Como comportamento geral, os consumidores se espelham num patamar de qualidade superior ao seu para projetar seus anseios de consumo. Pela pressão do status, as marcas preferidas são as reconhecidas e avalizadas pelo grupo. As decisões de consumo não se apoiam majoritariamente no preço. Variando entre seis e sete pontos percentuais para menos entre as categorias, 38% das decisões de compra de alimentos são motivadas pelo preço/promoção e 45% por atributos de qualidade.

Segundo pesquisa recente do instituto LatinPanel, empresa do grupo Ibope, a classe C experimenta a marca líder, mas não consegue comprá-la com frequência, pois tem poder aquisitivo limitado e bem abaixo do desejado. Essa combinação de restrição de recursos financeiros e busca por qualidade faz com que os consumidores da classe C não sejam fiéis a uma única marca, mas sim a um leque de marcas selecionadas, testadas e avalizadas pelo grupo. Qualidade para o consumidor da classe C é o atributo da marca reconhecida pelo grupo, boa embalagem ou apresentação do produto, resistência, durabilidade, bom rendimento, enquadramento no prazo de validade, garantia do fabricante e disponibilidade de serviço de atendimento ao consumidor.

Há um alto potencial de troca entre as marcas que estão no grupo pré-selecionado pelos consumidores, e a pesquisa do BCG mostra que, numa situação normal, 50% dos consumidores escolhem a marca mais barata dentre as marcas conhecidas, e somente 15% mantêm a fidelidade a apenas uma marca. A pesquisa do instituto LatinPanel mostra que 82% das donas de casa da classe C experimentam novas marcas e 78% delas se limitam ao orçamento na compra de alimentos.

Quanto ao seu canal de compra, a classe C leva em conta dois fatores principais: a proximidade do ponto de venda e o preço. Como 40% dos consumidores da classe C vão às compras a pé, a preferência recai sobre os pequenos supermercados do bairro, mercearias, padarias, feiras e açougues.

Ficam com baixa preferência os hipermercados. Além da falta de transporte próprio, a estabilidade dos preços após o Plano Real possibilitou aos consumidores reduzir as compras em grande volume, mais conhecidas como compras de abastecimento, e aumentar as compras em pequenos volumes para as necessidades diárias, mais conhecidas como compras de reposição. Cerca de 90% das compras de abastecimento são feitas em supermercados, e de 63% a 82% das compras de reposição da classe C são feitas nos mercadinhos, açougues, feiras e padarias.

1.2 O mercado de biscoitos no Brasil

O Brasil é o segundo maior mercado de biscoitos do mundo. Em 2001, movimentou 900 mil toneladas em produção/venda e atingiu faturamento de R$ 3,3 bilhões. O consumo anual *per capita* é de 5,9 kg e as principais categorias são os biscoitos recheados e *cream cracker*/água e sal. Cinco grandes empresas dominam o mercado – Nestlé, Danone, Tostines (Nestlé), Bauduco e Parmalat, que têm distribuição nacional. Já as marcas B são, hoje, mais de 500, contra cem no início dos anos 1990. Essas marcas B detêm 44% das vendas, e a avalanche de novas opções para o consumidor abalou a liderança das empresas tradicionais, que perderam 40% do mercado entre 1997 e 2002.

A Nestlé é destacadamente a mais importante empresa alimentícia no País. Possui mais de mil itens comercializados, atuando em 12 segmentos: leites, cafés, culinários, achocolatados, cereais, biscoitos, nutrição, chocolates, refrigerados, sorvetes, *foodservices* e *petcare*. O faturamento da Nestlé em 2001 foi de R$ 5,7 bilhões e a empresa possui 15 mil funcionários, investindo R$ 250 milhões em marketing em 2001 e R$ 360 milhões em 2002. A Nestlé possui 25 fábricas no Brasil, atingindo diretamente 12 mil pontos de vendas e 230 mil indiretamente. No segmento de biscoitos, a Nestlé possui três fábricas. Em 1967, adquiriu a fábrica de biscoitos São Luiz, fundada em 1931, e em 1993 também adquiriu a Tostines, fundada em 1927. A marca São Luiz é líder de mercado e líder em *mind share*, destacando-se da concorrência pela qualidade, inovação, diversidade de sua linha e por ter produtos exclusivos e saborosos que atendem toda a família. Entre os fabricantes de biscoitos, a Nestlé é também a que mais investe em publicidade. Os veículos mais utilizados são tevê, rádio e revistas, além de mídia alternativa – relógios e placas de rua, *outdoor*, painéis eletrônicos, *backlight*; e materiais de ponto de venda (cartazes, *displays* e cantoneiras).

2 O caso: Biscoitos Festiva – Aposta nas *b-brands*
2.1 A Biscoitos Festiva

Uma das empresas de biscoitos de marca B que ganhou muito destaque foi a Festiva. No final de 2001 – ou seja, com menos de cinco anos de existência –, atingiu a marca de 4,2% de participação do mercado, enquanto a centenária Nestlé teve a sua participação reduzida para 16%. Com 100% de capital nacional, a Festiva é uma indústria paulista situada no bairro da Lapa. Utilizando as antigas instalações do Moinho Progresso, tem 12 mil m^2 de área construída. Foi inaugurada em agosto de 1997, com 35 funcionários e capacidade inicial de produção de 180 toneladas mensais. Em 2002 tinha uma capacidade de produção de 2.500 toneladas por mês, 400 funcionários e inaugurou uma filial em Maceió (AL), com área total de 3 mil m^2. A filial, que opera *online* com a matriz, inclui escritório e área de estocagem. O faturamento no ano de 2001 foi de R$ 42 milhões, um crescimento de 6% em relação a 2000. O crescimento foi menor que o planejado porque a Festiva teve de reduzir a sua produção em 30% em virtude da crise de energia elétrica que assolou o País naquele ano.

O fundador da Festiva, Daniel Cohen, aos 18 anos administrava uma rede de lojas adquirida por seu pai. Em seguida, montou uma fábrica de chicletes, trabalhou com comércio exterior durante 12 anos e administrou sua própria distribuidora de doces. Teve uma oportunidade para participar de um programa da Nestlé que abastecia os camelôs com os excedentes de produção, principalmente chocolates. Esses chocolates eram vendidos a preços muito baixos, o que permitia que fossem adquiridos pelos mais pobres. Mas havia um inconveniente: derretiam com a chegada do verão. Cohen teve a ideia de substituí-los por biscoitos, que passaram a vender mais que os chocolates. Essa experiência fez com que o empreendedor percebesse não só o potencial do setor, mas também o potencial de consumo das classes mais baixas.

Cohen não usava a tabela progressiva usada pelas grandes indústrias para cobrar mais caro dos que compram menos. Para ele, os pequenos deviam ter a mesma oportunidade de comprar e vender mais barato. Para conhecer o consumidor final, o empreendedor costumava começar o dia num supermercado, observando os hábitos de compra dos clientes e ouvindo-os informalmente, para saber por que haviam comprado o biscoito da Festiva ou da concorrência. Com uma proposta de marca B, mas sem a esperada baixa qualidade, a Festiva produzia biscoitos recheados (65% da produção), amanteigados, salgados e *diets*. Com uma estratégia desenvolvida por meio das percepções do fundador, a Festiva concentrou-se em apresentar sabores inusitados e com qualidade para a classe C e pequenos comércios, e com um preço muito mais baixo que o das marcas líderes.

No total, eram mais de 50 tipos de biscoitos. Além dos tradicionais morango, chocolate e doce de leite, a empresa oferecia sabores inusitados como pamonha, abóbora com coco e *cappuccino*, além de sabores tropicais como banana, abacaxi, laranja, limão; e os especiais como Floresta Negra (recheado de chocolate com pedaços de morango e flocos de cereja), Negrito (chocolate à base de cacau extraforte e recheio de baunilha) e Planet Blue, à base de leite com recheio de granulados azuis, resultado da mistura de três aromas e que faziam com que o sabor fosse mudando durante a degustação.

Em geral, os biscoitos são classificados em dois segmentos: embalagens de até 250 g e embalagens entre 251 g e 500 g. Os fabricantes tradicionais concentravam-se no segmento de embalagens de, no mínimo, 250 g, até que a Festiva quebrou esse paradigma, lançando os biscoitos em embalagens menores, com no máximo 150 g. Depois, lançou a embalagem monodose, com quatro biscoitos e cerca de 40 g, e as embalagens três em um, para toda a família, com 360 g. Essas doses da Festiva eram ideais para consumo imediato, evitando o desperdício e garantindo um biscoito sempre crocante.

Além das inovações nos sabores inusitados e nas embalagens em tamanhos adequados à classe C, a Festiva oferecia produtos com qualidade, com visual atrativo, sabor adequado e produto fresco (sempre crocante, uma vez que trabalhava com estoque máximo equivalente a 14 horas de produção). As embalagens chamavam a atenção do consumidor por suas cores vibrantes. Para o supermercadista, as caixas coloridas (uma cor para cada sabor) auxiliavam no estoque e na apresentação nas gôndolas.

Buscando atender aos "nichos carentes", a Festiva foi a primeira empresa nacional a produzir biscoitos dietéticos (amanteigados ou com recheio de chocolate e morango). Também se preocupou em desenvolver produtos para o público feminino que sofria de osteoporose, com concentração maior de cálcio, e para consumidores celíacos, que não podem ingerir glúten.

Focada em competir com baixo custo, a Festiva apresentava preços agressivos, até 50% menores que os dos grandes fabricantes. Para isso, utilizava maquinários modernos, comprava cada tipo de matéria-prima de um só fornecedor e fazia uso intensivo de produtos locais. Além disso, evitava as mídias caras, trabalhava com estrutura interna reduzida, criava as embalagens internamente e obtinha tecnologia de forma gratuita, por meio de intercâmbio com universidades.

Os investimentos em 2001 e 2002 excederam R$ 3,5 milhões. No estudo do biscoito sem glúten, foram investidos mais de R$ 2 milhões. Em virtude da crise de energia elétrica, a Festiva investiu R$ 700 mil em 2001 para adquirir uma linha de produção a gás e um gerador de energia. Com esses investimentos, conseguiu reduzir de 4% para 2,5% a participação do gasto com energia no custo final dos seus produtos. Também foram feitos investimentos de cerca R$ 250 mil na aquisição de máquinas e equipamentos para embalar pacotes monodose, e R$ 300 mil para montar a filial no Nordeste. Todos os investimentos de aquisição de equipamentos e abertura de filial foram feitos por meio de empréstimo ou *leasing*. A Festiva investiu, inicialmente, em três linhas de produção, e o último equipamento para produção de biscoitos recheados, importado em 2001, custou R$ 500 mil.

Ao contrário das grandes empresas, que lutavam ferozmente por um bom espaço nos hipermercados, a Festiva propositalmente evitava esses canais de venda. Sua distribuição era feita em mercadinhos e em pequenos comércios, estando presente em todo o território nacional. A explicação é simples: os grandes supermercados respondem por cerca de 40% das vendas de alimentos e os pequenos estabelecimentos de varejo respondem por 60%. Portanto, focando nos pequenos estabelecimentos de varejo, o mercado potencial é de 60%. O principal mercado da Festiva era a região da Grande São Paulo, especificamente a periferia. O Nordeste brasileiro consumia 35% da produção da empresa. Com a abertura da filial naquela região, as entregas passaram a ser no mesmo dia em Alagoas, e em até 24 horas nos estados do Maranhão, Piauí, Ceará, Rio Grande do Norte, Paraíba, Pernambuco, Sergipe e Bahia. Além disso, a empresa exporta para a América Latina, os Estados Unidos, o Oriente Médio, Taiwan, Nigéria, Portugal e Espanha. Com meta anual de 12%, as exportações atingiram 4% do faturamento em 2001 em decorrência da crise de energia.

Como regra geral, a Festiva evitava as mídias caras. Concentrava seus esforços em promoção de vendas oferecendo biscoitos nos pontos de vendas para degustação, negociava para que os biscoitos fossem oferecidos como lanches em aviões e ônibus, participava de feiras do setor alimentício e fazia patrocínio especial como o I Troféu São Paulo de Futebol Society. A empresa não tinha orçamento fixo para desenvolvimento de novos produtos. Guiava-se pelas oportunidades percebidas no dia a dia. Alguns produtos novos foram lançados em até 15 dias e não havia teste em cidades pequenas.

Como consequência da trajetória de tanto sucesso, a Festiva conseguiu ser a quinta marca mais reconhecida entre supermercadistas na Grande São Paulo, resultado da 29ª Pesquisa Nacional sobre Reconhecimento de Marca, realizada pela revista *Supermercado Moderno*. No *ranking* da revista especializada para o setor supermercadista, a Festiva aparecia na frente de marcas consagradas como Danone, Elbis, Negresco, Panco e Aymoré.

Por meio do contato frequente com os consumidores, Daniel Cohen concluiu que as mulheres decidiam 75% das compras, e que elas não escolhiam os produtos mais baratos, pois tinham a preocupação de cuidar bem da família. Ao mesmo tempo, adquirir os produtos mais caros provocava nas mulheres o sentimento de culpa, e de estarem sendo perdulárias. Assim, elas procuravam comprar o melhor que pudessem.

2.2 *Novos entrantes e os fatores de marketing*

O mercado de biscoitos, que até o início dos anos 1990 foi dominado por empresas multinacionais e tradicionais, foi invadido pelos pequenos fabricantes de marcas sem prestígio e de qualidade inferior. As barreiras de entrada no segmento mostraram-se bastante vulneráveis. As barreiras de entrada, definidas por Michael Porter (apud KOTLER, 2000) como economia de escala, identidade da marca, requisitos de capital, custos de mudança, acesso à distribuição, acesso aos insumos e outros inerentes ao segmento de biscoitos, não foram suficientes para evitar a entrada dos novos concorrentes. No entanto, o mercado visado pelos novos produtores de biscoito – as camadas populares – não estava no foco dos fabricantes tradicionais de biscoitos, que eram as classes A e B. As barreiras foram se mostrando frágeis quando a busca por produtos de menor qualidade e de distribuição regional norteou a estratégia dos novos entrantes.

As grandes multinacionais sabiam que a entrada de uma nova marca A precisaria vencer o mercado com as mesmas forças das atuais (poder de investimento, estrutura, produto etc.) e com o risco de o mercado não aceitar o novo produto. Já as marcas B, por meio do empreendedorismo de alguns empresários, posicionaram-se no mercado como uma opção para os consumidores de baixo poder aquisitivo. A qualidade do produto permitiu um nível de especialização e investimentos baixos para a entrada no mercado. Empresas como a Festiva, com a utilização de poucas máquinas e uma pequena estrutura, conseguiram colocar o produto no mercado. O posicionamento quanto ao preço, entre 50% e 80% menor que as marcas tradicionais, a distribuição em varejos locais não atendidos por grandes empresas, o produto de custo/qualidade inferior e o não investimento em promoções foram fatores que caracterizaram esse movimento no setor de biscoitos nos últimos anos.

O mercado de biscoitos teve, além da entrada de novos concorrentes, uma expansão de tamanho gerada pela inclusão no mercado dos consumidores que não tinham poder aquisitivo suficiente antes do Plano Real. As participações de mercado se modificaram acentuadamente, e o volume de biscoitos produzidos no País também se elevou.

Podemos então concluir que os mercados descritos anteriormente não são os mesmos, e que, portanto, a concorrência não está claramente caracterizada. No entanto, o crescimento das empresas de marcas B pode ameaçar os tradicionais fabricantes por meio da especialização e ganhos de qualidade e estrutura desses pequenos fabricantes. O lançamento de marcas *premium* (produtos com qualidade, preço e promoção equiparados aos dos produtos das empresas líderes) pode vir a fazer parte da estratégia de crescimento desses novos entrantes.

2.3 *A reação e o posicionamento das marcas A*

Para as empresas líderes, uma das formas de evitar o avanço das marcas B é lançar linhas de produtos B. No entanto, esse movimento requer uma mudança muito grande na maneira de operar das empresas líderes, pois o posicionamento quanto a preço e distribuição deve ser adequado à classe C. Talvez para evitar a contaminação das principais marcas, nenhuma das empresas líderes de mercado lançou, consistentemente, uma segunda marca mais barata ou entrou numa guerra predatória de preços com as marcas B. As principais reações se limitaram ao lançamento de algumas embalagens menores.

A Nestlé tentou fazê-lo com a marca Bônus, lançada em 1996, porém descontinuada. Também não chegou a caracterizar uma guerra, mas a Nestlé abaixou os preços, o que corroeu a rentabilidade da empresa. Para ofertar produtos B, seria necessário ter duas organizações, as culturas seriam diferentes com algum ganho em áreas comuns como logística e informática. Oficialmente, a Nestlé não tem planos para mudanças radicais, mas planeja os ajustes que considera necessários, como lançar linhas econômicas de biscoitos, alterando o visual e o tamanho da embalagem para tornar os produtos mais acessíveis à classe C. Como um resultado dessa estratégia, a Nestlé rendeu-se à preferência dos consumidores por biscoitos embalados em porções menores: lançou o Salclic Hit com nove porções individuais, o Vitalife com embalagem de 70 g e o biscoito *wafer* Passatempo com embalagem de 40 g. Outra reação isolada foi da Aymoré, que adotou embalagens menores para alguns tipos: lançou biscoitos *wafer* em embalagens de 50 g como "lanchinho".

2.4 *Concorrências das marcas próprias do varejo*

Motivados pela crença de que marcas próprias propiciam uma vantagem comparativa sobre a concorrência e aumentam a lealdade dos clientes às lojas, os supermercadistas têm desenvolvido suas estratégias de diferenciação. Essa estratégia de diferenciação, usada quase que exclusivamente pelas grandes cadeias de supermercados como Casas Sendas, Carrefour, Companhia Brasileira de Distribuição, Sonae e Wal-Mart, foi marcada pela participação das marcas próprias, com crescimento de 2% para 6% do faturamento dos supermercados, um resultado nada desprezível.

Num estudo exploratório, Monteiro Neto (2001) mostra que havia uma grande motivação por parte dos supermercadistas para a continuidade nos cinco anos seguintes do programa de marcas próprias. Essa tendência aumenta substancialmente a ameaça de novos concorrentes aos fabricantes de biscoitos. Do ponto de vista dos consumidores, a BCG constatou que, entre aqueles que já compraram produtos de marcas próprias, 47% queriam experimentá-los e 38% foram compelidos pela necessidade financeira. Mas apenas 10% o fizeram pela qualidade reconhecida, e 29% dos que nunca compraram desconfiam da qualidade dos produtos. Nitidamente, os produtos de marcas próprias não têm o atributo de status.

2.5 *Mudança de cenário*

A farinha de trigo é o principal componente dos biscoitos. O trigo e, consequentemente, a farinha de trigo tiveram elevada alta de preços em 2002. O Brasil é um dos grandes importadores mundiais de trigo, e só produz 1/3 das necessidades – e, mesmo assim, majoritariamente trigo mole, que se presta apenas para a fabricação de biscoitos. A Argentina é o maior fornecedor do Brasil, com quase 95% das importações. Canadá, Austrália, Alemanha e Estados Unidos completam o quadro de fornecedores do produto. Em abril de 2002, a Argentina decidiu elevar a taxa de exportação do trigo e da farinha de trigo de 5% para 20%. Esse aumento de custo foi repassado para o preço de venda. Além disso, o preço do trigo no mercado brasileiro teve alta em virtude da elevação do dólar frente ao real.

Com os aumentos de custos da farinha de trigo e dos demais componentes afetados pela alta do dólar, a Festiva, que praticava preços até 50% abaixo dos grandes líderes de mercado, foi forçada a reajustar fortemente os preços e, em média, a diferença caiu para apenas 15%. Além disso, no segundo semestre de 2002, houve uma forte retração no consumo de biscoitos. A combinação de aumento nos preços de vendas da Festiva, retração da demanda de biscoitos e vencimento das parcelas dos empréstimos para os investimentos efetuados em 2001 e 2002 levou a Festiva a pedir concordata preventiva.

3 Tópicos para Discussão

- Quais os aspectos mais avaliados pelos consumidores da base da pirâmide em um produto? No que eles se diferenciam daquilo que as classes mais ricas buscam? Como a Festiva tratou disso?

- De acordo com o texto, quais são os aspectos fundamentais para que uma empresa atinja o "nicho carente" da sociedade?

- Analise as barreiras de entrada, definidas por Michael Porter (apud KOTLER, 2000), para o setor alimentício. Quais seriam os maiores entraves?

- Por que a Festiva burlou os hipermercados e optou por vender seus produtos em pequenos estabelecimentos? De que maneira isso contribuiu para a divulgação exitosa da marca?

- O que leva o autor a concluir que, no início da década de 2000, classes A e B formavam um mercado diferente do da classe C para os biscoitos, com concorrência não claramente caracterizada? Dado isso, como o crescimento das *b-brands* pode ameaçar os tradicionais fabricantes?

- Quais fatores levaram a Festiva a pedir concordata? Quais ações poderiam haver sido feitas para que se evitasse esse desfecho?

Referências bibliográficas

BARRETO, F.; BOCHI, R.; ABRAMOVICZ, P. *Mercados pouco explorados*: descobrindo a classe C. São Paulo: The Boston Consulting Group, 2002.

KOTLER, P. *Administração de marketing*: a edição do novo milênio. Tradução de Bazán Tecnologia e Linguística. São Paulo: Prentice Hall, 2000. Título original: *Marketing Management*: millenium edition.

MONTEIRO NETO, C. B. Marcas próprias em supermercados: uma oportunidade para criação de vantagem competitiva. *Caderno de Pesquisa em Administração*, Faculdade de Economia, Administração e Contabilidade da Universidade de São Paulo, São Paulo, v. 8, n. 3, 2001.

Desenvolvimento de produto para a baixa renda na Nestlé Brasil[5]

A Nestlé, fundada em 1866, é considerada a maior indústria alimentícia do mundo e está presente no Brasil desde 1921. Sua estratégia empresarial é sustentada por quatro pilares principais: distribuição dos produtos, busca pela competitividade, inovação de produtos de portfólio e comunicação.

Dentro da hierarquia da companhia, existe desde 2005 um departamento de *Bottom of the Pyramid*, destinado a desenvolver produtos para consumidores de baixa renda, setor no qual a Nestlé possui grande apelo e potencial de crescimento e expansão.

Em 2006, com os estudos sobre a baixa renda mais consolidados, a empresa direcionou seus esforços ainda para a compreensão do consumidor da região Nordeste do Brasil. Com hábitos e atitudes típicos e ainda predominantemente pertencente às classes C, D e E, o público nordestino exigia estudos mais profundos acerca de seu comportamento, o que motivou a Nestlé a criar o departamento de Regionalização, ligado ao de *Bottom of the Pyramid*.

Um dos frutos do trabalho específico com as classes populares é o Projeto Cipó, que visa eliminar *gaps* de penetração no mercado popular. Por exemplo, procura-se assegurar a disponibilidade de produtos no pequeno varejo bairrista e adequar o *price point* ao tipo de público.

Apesar do pouco tempo de existência, o Cipó já demonstrou grande receptividade pelo público e indicadores satisfatórios de vendas e penetração no mercado. Dessa forma, a Nestlé cumpre sua vocação de "conviver entre todas as classes sociais sem interferência de uma na outra", como diz seu presidente Ivan Zurita.

1 Introdução

A Nestlé é uma empresa de origem suíça, fundada em 1866. Considerada a maior indústria alimentícia do mundo, fundamenta-se sobre o lema de nutrição, saúde e bem-estar, focando principalmente a melhoria da qualidade de vida.

---

[5] ZANELLA, H. *Desenvolvimento de produtos na indústria alimentícia*: aplicação de um modelo para o mercado de baixa renda. Trabalho de Conclusão de Cursos, apresentado ao Curso de Graduação em Administração da Faculdade de Economia, Administração e Contabilidade da Universidade de São Paulo – Departamento de Administração. FEA-USP: São Paulo, 2008. Orientador: professor Dr. James T. C. Wright.

O desenvolvimento de produtos e serviços populares

No Brasil, a empresa estabeleceu-se em 1921, inicialmente na cidade de Araras, no interior de São Paulo. A primeira fábrica iniciou sua produção com o produto símbolo da organização até a atualidade: o Leite Moça. No decorrer dos anos vários outros produtos foram lançados, sendo que atualmente mais de 1.000 itens compõem o portfólio da marca. Os produtos oferecidos pela empresa encontram-se classificados nas seguintes categorias: lácteos, culinários, cereais, biscoitos, chocolates, cafés, achocolatados, sorvetes, refrigerados, nutrição, *food services*, águas e *petcare*.

A estratégia empresarial está sustentada por quatro pilares principais: o primeiro é a distribuição dos produtos; o segundo é a eficiência e a busca pela competitividade; o terceiro é a inovação de produtos de portfólio e o quarto é a comunicação, que busca sempre uma maior penetração de mercado. Esses fundamentos propiciaram grande crescimento e abrangência, o que faz com que "a Nestlé seja uma das poucas marcas que possa conviver entre todas as classes sociais sem interferência de uma na outra. Acho que isso é importante porque nos leva a 97% dos domicílios" (ZURITA, 2007).

O departamento *Bottom of the Pyramid* (BOP) na Nestlé é fundamentado pelo lema de que a empresa deve buscar atingir os consumidores da base da pirâmide, disponibilizando para eles soluções saudáveis e nutritivas e inserindo-os em uma jornada por uma vida melhor.

A estratégia da divisão é, portanto, desenvolver proposições relevantes e acessíveis aos consumidores de baixa renda. A sustentabilidade do negócio está baseada no conceito de *shared value*, ou seja, todas as decisões são baseadas na agregação de valor tanto para a companhia quanto para os consumidores.

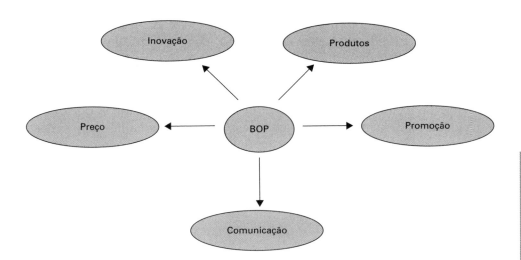

Figura 2.3 Os pilares do departamento de BOP – Nestlé Brasil.
Fonte: Zanella (2008).

Com base em conceitos como empreendedorismo, esquemas de crédito e parcerias, a Nestlé busca desenvolver sua responsabilidade social e atingir seus consumidores a partir de novas rotas, sustentando-se em alguns pilares principais: comunicação específica, inovação e renovação, política de preços, promoções adequadas e desenvolvimento de produto.

Essa área surgiu em 2005, após diversos estudos sobre as tendências de longo prazo no ramo alimentício. Notando que a empresa possuía grande potencial de crescimento e expansão com os consumidores de baixa renda, a direção decidiu instituir um departamento específico para cuidar dessa perspectiva e atuar de forma a compreender e conquistar esse consumidor.

Em 2005 a empresa implementou o modelo "Nestlé até você", com a venda porta a porta, aproximando-se ainda mais desse público. Segundo Zurita (2007), esses consumidores "nem sempre consomem no supermercado, acabam comprando picado de acordo com as necessidades. Nós já temos 5,8 mil pessoas trabalhando no porta a porta e vamos chegar a 10 mil no ano que vem. Já tem dois anos esse trabalho. Atendendo porta a porta, vamos criando uma fidelidade e também um conhecimento de mix de produto que essas pessoas consomem, tem um relacionamento, elas mesmas moram ali, conhecem as necessidades".

Em 2006, com os estudos sobre a baixa renda mais consolidados, a empresa direcionou seus esforços também para a compreensão do consumidor da região Nordeste. Com hábitos e atitudes típicos e ainda predominantemente pertencentes às classes C, D e E, o público nordestino exigia estudos mais profundos acerca de seu comportamento, o que motivou a Nestlé a criar o departamento de Regionalização, ligado ao de BOP.

Atualmente, a estrutura de pesquisa e desenvolvimento de consumidores da baixa renda está composta, então, pelos departamentos de BOP e Regionalização, cada um com relacionamentos diretos com as unidades corporativas, mas ainda integrando estruturas próprias de finanças e controle, vendas e marketing. Uma concepção interessante foi a de estabelecer essa unidade de BOP e Regionalização como corporativa e não deixar para que cada unidade de negócio desenvolvesse esse consumidor como achasse mais interessante. Sob a égide de uma unidade de negócio não haveria uma estratégia e políticas unificadas para atingir esse consumidor específico e haveria menor precisão no controle dos indicadores de desempenho. Por isso foi essencial criar um departamento próprio para tratar do assunto "consumidor de baixa renda" e assim montar uma equipe especialista no assunto e também difundir uma cultura organizacional voltada ao desenvolvimento desse setor.

O departamento está estruturado em três grandes segmentos: o Marketing Regional Norte e Nordeste, BOP e o Marketing Regional Centro-Sul, subordinados à Diretoria de BOP e Regionalização, conforme esquema a seguir:

O desenvolvimento de produtos e serviços populares

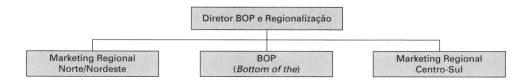

Figura 2.4 Organograma do departamento de BOP e Regionalização – Nestlé Brasil.
Fonte: Zanella (2008).

2 O caso – Desenvolvimento de produto para a baixa renda na Nestlé Brasil

2.1 *Desenvolvimento de produto*

A necessidade de desenvolvimento de um novo produto na empresa é analisada em duas frentes principais: a avaliação da situação atual, na qual podem ser identificadas necessidades de melhorias – âmbito em que impera a renovação – e o atendimento a novas oportunidades do mercado – papel do setor de inovação.

No primeiro caso – renovação – é feita basicamente uma análise de custo-benefício do produto para o consumidor, com um levantamento, por exemplo, do motivo específico pelo qual as classes C, D e E não acham que o preço reflete o valor agregado do produto. Uma vez identificada a razão, o produto pode sofrer reformulações ou passar a ter um preço mais competitivo, visando se adequar às preferências do consumidor, pois a ideia é justamente melhorar a satisfação do consumidor e/ou o desempenho do produto. Já a inovação atua quando da existência de informações qualitativas do mercado que podem antecipar uma nova tendência ou identificar uma oportunidade. Dessa forma, a inovação pode ser de dois tipos: de descoberta de novidades, isto é, procura criar um novo conceito de negócio visando atingir necessidades latentes dos consumidores e revolucionando categorias existentes, ou pode ser uma inovação incremental, cujo intuito é criar conceito de negócios diferenciados para necessidades latentes dos consumidores, mas com categorias já existentes.

A Nestlé utiliza um modelo de desenvolvimento de produto que segue os seguintes passos: Exploração, Conceito, Planejamento de Produto, Produção, Lançamento e Pós-lançamento.

Nesse processo, inicialmente é feita uma avaliação de todos os conceitos ou projetos propostos, e em seguida são selecionados os projetos com maior potencial e alinhamento com os objetivos estratégicos e de marca. Uma vez feita essa escolha, ocorre um foco em alocação de recursos e uma revisão da diretoria de todo o processo do projeto, com a deliberação de continuidade ou não. Por fim, o melhor projeto é testado sob a consideração *Fail fast and learn*, que implica que as ações corretivas devem ser tomadas rapidamente.

Esse é o modelo base para o desenvolvimento de produtos na empresa e suas etapas são seguidas rigorosamente pelos departamentos e membros envolvidos, para que haja um melhor controle e, de fato, os projetos com maiores possibilidades de aplicação e êxito sejam lançados no mercado.

Especificamente no desenvolvimento de produto para a baixa renda, na etapa de Exploração, é feito um estudo do perfil do consumidor de baixa renda e dos atributos relevantes para esse público. Os atributos são identificados visando-se compreender o que realmente querem esses consumidores e quanto estão dispostos a pagar pelo produto. Algumas propriedades relevantes para o segmento de baixa renda são: o preço competitivo na ponta, ou seja, quando o produto é disponibilizado a esse consumidor; um desembolso não muito elevado na aquisição do produto; valor nutricional agregado; e a presença constante de novas categorias de produtos para seu consumo.

Comparado com o desenvolvimento de produtos para as classes A e B, o processo de produção é diferenciado, não quanto aos ingredientes ou à qualidade do que é oferecido para cada segmento social, mas por existir um ganho de escala de acordo com os equipamentos envolvidos ou ainda no material de embalagem.

Os testes realizados antes do lançamento envolvem protótipos aplicados a um mercado-teste, pois, por ser um segmento ainda pouco explorado, existe muita incerteza quando da disponibilização de um novo produto para a baixa renda. Dessa forma, o protótipo é a forma que melhor consegue perceber e mensurar as necessidades e expectativas desse público-alvo.

2.2 O Projeto Cipó

O Projeto Cipó foi criado para aumentar a distribuição no pequeno varejo e também para eliminar um *gap* de penetração nesse mercado. Além disso, teve como objetivo a adequação do *price point* ao desembolso do consumidor das classes C, D e E. A ideia desse projeto foi importada da Nestlé Filipinas (entre outros), por existir uma grande semelhança entre esse país e o Brasil no que tange ao comportamento do consumidor da baixa renda. Começou a ser desenvolvido em outubro de 2006 e encontra-se atualmente na etapa de *Launch* ou introdução no mercado. Está atrelado ao desenvolvimento de diversas categorias de produto. Na realidade, seu intento é transformar produtos-chave e líderes de vendas da companhia acessíveis e/ou disponíveis para o consumidor específico das classes C, D e E.

Segundo Prahalad (2005), qualquer projeto destinado a esse segmento deve considerar que a distribuição é um requisito importante para a garantia da compra. O consumidor não pode encontrar qualquer barreira para adquirir o produto e, muitas vezes, não tem como buscá-lo em grandes centros. Por isso é importante que haja uma intensidade de distribuição geográfica, isto é, uma grande capilaridade que permita ao produto chegar ao pequeno comércio no local de habitação da baixa renda. O Projeto Cipó tem uma estrutura de distribuição bastante abrangente, que assegura a disponibilidade no pequeno varejo, representado principalmente pelas mercearias localizadas em bairros de menor poder aquisitivo. Esse alcance facilita a compra e traz resultados satisfatórios para a organização.

Vale ressaltar ainda outra característica-chave para conquistar esse público: a adequação do *price point*. Prahalad (2005) destaca também a importância de considerar que esse segmento não possui condições de realizar desembolsos regulares e em grandes quantias. Por isso é imprescindível que haja uma preocupação em relevar a frequência e a capacidade de desembolso desse público. O projeto Cipó contempla também esse requisito.

Os produtos trazem alguns atributos considerados chave para o mercado de baixa renda. Os colaboradores destacaram que o produto possui exatamente a mesma qualidade dos oferecidos às classes A e B, sem sofrer qualquer reformulação. A mudança para se adequar a esse público ocorre em outros aspectos. A primeira é a embalagem, que mantém o mesmo *layout*, mas é bastante reduzida em relação a seu tamanho original e utiliza diferentes materiais. Segundo Prahalad (2005), uma forma de estimular consumo e escolha na base da pirâmide é a criação de pacotes de unidades pequenos e, portanto, acessíveis. Embalagens individuais estão na medida certa das necessidades e disponibilidades dessa população. Pode-se, assim, notar uma aplicação bastante sólida desse conceito em um projeto real de uma grande corporação.

Como os fluxos de entrada de dinheiro são incertos para este segmento, é imprescindível que o produto oferecido considere esta realidade e seja oferecido a preços mais baixos para o mercado. O *price point* dos produtos do Projeto Cipó é bastante reduzido, devendo permanecer abaixo de R$ 1,00 o item à venda. Nota-se assim uma grande preocupação dos departamentos de I&R e de Marketing da empresa em se adaptar às condições de pagamento de seu público-alvo.

Outra característica relevante desse projeto é o sistema de distribuição. Visando eliminar qualquer barreira à aquisição dos produtos por disponibilidade, foi desenvolvido um esquema que garante que os produtos do Projeto Cipó estejam acessíveis aos consumidores em locais muito próximos de suas residências e nos quais eles têm grande hábito de compra: as mercearias dos bairros. Esses estabelecimentos estão voltados à compra em pequena quantidade e favorecem o pagamento por terem, na maioria das vezes, grande contato com seus clientes. Conforme enfatiza Prahalad (2005), os padrões de distribuição devem levar em conta o local onde vivem os pobres, e seus padrões de ocupação. A base da pirâmide não tem modalidade para grandes distâncias. Isso requer intensidade de distribuição geográfica. O pequeno varejo é justamente o meio para se consolidar essa capilaridade e estar bastante próximo do consumidor final.

Apesar de ser recente e ainda estar em fase de implementação, com testes e observação dos consumidores, o projeto já demonstra grande receptividade pelo público e indicadores satisfatórios de vendas e penetração no mercado. Os entrevistados destacaram que existe uma intenção de compra alta e que o varejo achou muito interessante essa iniciativa. A reação do segmento de baixa renda está sendo avaliada para futuros ajustes no produto oferecido e/ou nos processos de distribuição.

3 Tópicos para Discussão

- Qual é a função do departamento de *Bottom of the Pyramid* da Nestlé? O que levou a empresa a buscar as classes de baixa renda como consumidores?
- Ivan Zurita, o presidente da empresa no Brasil, afirma que talvez "a Nestlé seja uma das poucas marcas que possa conviver entre todas as classes sociais sem interferência de uma na outra. Acho que isso é importante porque nos leva a 97% dos domicílios".
- De que maneira os fundamentos da estratégia empresarial propiciam tamanha difusão da empresa entre os diversos setores da sociedade?

Quais são as características que diferenciam um produto para classes A e B dos produtos voltados aos mais pobres?

- O que você pensa sobre a ideia de criar subdivisões para melhor atender e mercados regionais?
- Discuta se dividir o desenvolvimento de novos produtos em duas frentes – renovação e inovação, no caso da Nestlé – é um método de gestão eficaz. Que outra medida poderia ser adotada pelo departamento?
- Ao longo do Processo de Desenvolvimento de Produtos, quais etapas são próprias de um bem popular? Quais estão presentes também no desenvolvimento de produtos para as classes A e B?
- Como o Projeto Cipó pretende eliminar alguns *gaps* de penetração no mercado – tal como mecanismos de distribuição e estabelecimento de um *price point* adequado?

Referências

MACHADO, A. *Nestlé adere à onda em que já brilhava a Unilever e estende tapete vermelho ao mercado popular.* Site Cidade Biz. Disponível em: <http://cidadebiz.oi.com.br/paginas/42001_43000/42887-1.html> Acesso em: 04/04/2011.

PRAHALAD, C. K. *A riqueza na base da pirâmide*: como erradicar a pobreza com o lucro. Porto Alegre: Bookman, 2005.

ZANELLA, H. *Desenvolvimento de produtos na indústria alimentícia:* aplicação de um modelo para o mercado de baixa renda. Trabalho de Conclusão de Curso apresentado ao Departamento de Administração da Faculdade de Economia, Administração e Contabilidade da Universidade de São Paulo como parte dos requisitos para obtenção do título de Bacharel em Administração de Empresas. São Paulo, 2008.

ZURITA, I. F. Entrevista concedida a Rita Karam e Wilson Gotardello Filho. *Gazeta Mercantil*, São Paulo, 19 dez. 2007.

Conclusão – Capítulo 2

> Histórias como as da Anantha, dos Biscoitos Festiva e da Nestlé Brasil demonstram que o mercado de bens populares cresce e se fortalece. Com ele, aumentam as ofertas de serviços desenhados especialmente para as classes C, D e E. O desenvolvimento de uma gama cada vez mais ampla de produtos e serviços para esse nicho parece ser o caminho a ser seguido pelas nações – especialmente aquelas chamadas "em desenvolvimento". É exatamente sobre isso que vamos tratar no próximo capítulo.

3

O futuro dos bens populares

Uma política industrial para o Brasil e os bens populares

Uma política industrial para bens populares deve desenvolver a capacidade empresarial para projetar e produzir bens com uma nova concepção: produtos simples, sem exagerar na busca de uma diferenciação mercadológica espúria, orientados para ganhos de escala na fabricação, permitindo a padronização de componentes, que poderão ser desenvolvidos e produzidos de maneira cooperativa.

Os produtos populares devem ser duráveis, passíveis de manutenção corretiva, diferentemente da lógica do descartável, fruto da mão de obra cara dos países desenvolvidos. Com ciclos de vida mais longos, aliados à durabilidade, podem ser financiados para consumidores de menor renda. Além disso, necessariamente devem ser ambientalmente adequados, de modo a reduzir o consumo de recursos esgotáveis e facilitar a reciclagem, com o uso seletivo de tecnologias modernas.

É importante ressaltar que, nos próximos 25 anos, 95% do crescimento da população mundial se dará em países em desenvolvimento. Tomando a parcela desses países que têm população acima de 50 milhões de habitantes, verifica-se uma tendência clara de aumento de renda *per capita*, enquanto em países desenvolvidos, apesar de possuírem um patamar elevado de renda, a tendência é de estagnação da renda e do consumo, além de estabilidade ou até redução na taxa de natalidade, como ocorre na Itália, na Rússia e na Suíça.

As indubitáveis evidências do crescimento expressivo de mercados consumidores em países em desenvolvimento demonstram a efetiva possibilidade de o Brasil aumentar sua participação no comércio mundial, não mais somente com produtos agroindustriais, mas também com bens populares. Nigéria, África do Sul, Paquistão, Índia, China, Malásia e Filipinas, entre outros, apresentam forte crescimento demográfico e econômico, e seus mercados internos alcançam hoje bons níveis de renda *per capita* e expansão potencial. Somam-se a eles os países da América Latina, com os quais o Brasil tem certo grau de semelhança cultural.

Pesquisas comprovam que as empresas com foco em bens populares tiveram um crescimento médio real maior do que aquelas que atuam no mercado de bens normais, levando em conta a variação da receita bruta. O crescimento observado é especialmente significativo quando consideramos que o crescimento do PIB, no período de realização da pesquisa (1997-2001), foi de 1,71% ao ano. As empresas voltadas para o mercado popular também obtiveram maior lucratividade e melhor resultado operacional do que as empresas focadas nas classes A e B.

Esses resultados confirmam o potencial do mercado popular no Brasil e justificam maiores investimentos nesse segmento. As empresas brasileiras sabem trabalhar com grande agilidade em ambientes turbulentos, com público de menor poder aquisitivo, apresentando de fato uma vantagem competitiva oriunda de seu "modelo" de gestão. O sucesso de executivos brasileiros e de algumas empresas nacionais demonstra, com clareza, essa vantagem competitiva.

Outra vantagem é que, ao alimentar esse mercado, cria-se um círculo virtuoso: as empresas apresentam bons resultados, com produtos de melhor qualidade por preço menor para uma população de baixa renda, geram empregos e crescimento econômico, além de promover a inserção dessa população no mundo moderno, seja por meio do consumo ou pelo impulso dado às atividades econômicas produtivas do País.

Objetivos da nação e os bens populares

O Brasil poderá ter benefícios importantes caso elabore políticas públicas e industriais articuladas que deem sustentação a uma estratégia de longo prazo de desenvolvimento competitivo. Esses pontos são especialmente relevantes ao se tomar as decisões de alocação dos escassos recursos destinados à pesquisa e ao desenvolvimento tecnológico e para o apoio e estímulo a setores e regiões específicos da economia brasileira. A política industrial deve visar objetivos de longo prazo para melhorar a qualidade de vida da população e alavancar o potencial de competitividade das empresas brasileiras, buscando tornar realidade um cenário futuro mais inclusivo, mais justo e de melhor aproveitamento de todo o rico potencial produtivo da população.

As análises que se restringem a regiões e setores específicos ou realizadas com horizonte de tempo muito curto podem propiciar soluções simples e de efeito imediato, mas em contrapartida perdem os benefícios das sinergias e do suporte de uma visão ampla, de longo prazo, e sustentável para o desenvolvimento econômico e social.

Apesar disso, parece evidente que ainda não há no Brasil uma política industrial que induza ao desenvolvimento de novos produtos, com padrões tecnológicos atuais e com qualidade adequada para segmentos de mercado de menor poder aquisitivo. Não se trata apenas da existência de um ou outro produto popular que seja rentável por determinado tempo, mas de uma nova mentalidade e estrutura empresariais voltadas para os bens populares.

Casos de sucesso e pesquisas em andamento – como o Lemon Bank e o projeto *One laptop per child* – sugerem que o mercado de bens populares oferece uma clara oportunidade não só de crescimento de faturamento, lucro, emprego e desenvolvimento empresarial, como também de desenvolvimento social sustentável. Desafios que as empresas e o governo brasileiro apenas começam a encarar de frente.

Referência bibliográfica
GIOVINAZZO, R. A. *Um estudo sobre o desempenho e a estratégia das empresas que atuam no mercado de bens populares no Brasil*, 136 p, 2003. Dissertação (Mestrado em Administração de Empresas). Faculdade de Economia, Administração e Contabilidade, Universidade de São Paulo (USP), São Paulo.

Casos

Lemon Bank – O banco de todo brasileiro[1]

Em 2006, o prêmio Nobel da Paz foi concedido ao bengalês Muhammad Yunus, o "banqueiro dos pobres", por sua contribuição na luta por uma economia mais justa para as pessoas de baixa renda. Yunus fundou uma instituição bancária que trabalha exclusivamente com microcrédito para as classes mais desprovidas.

A partir do gérmen lançado por Yunus, instituições similares receberam destaque ao redor do globo, como o Lemon Bank, no Brasil. Esse banco privado, formado em 2002, opera exclusivamente por meio de correspondentes bancários – estabelecimentos comerciais habilitados a prestar os serviços bancários (pagamento de contas de convênios e boletos de cobrança, por exemplo).

Em vez de possuir "agências suntuosas", o banco prefere se posicionar de maneira mais acessível. Isso, aliado a custos menores, pontos de distribuição diferenciados, mais investimentos em tecnologia, bem como em produtos e serviços feitos sob medida, garantem a lucratividade das operações.

O Lemon Bank foca sua atuação no recebimento de contas, operação que rende mais de R$ 800 milhões por mês. Operações com créditos diretos ao consumidor e com cartões de crédito também fazem parte de seu portfólio.

Os desafios que se impõem ao banco são enormes. A competição tende a se acirrar continuamente, uma vez que os correspondentes bancários estão sendo empregados como canal de expansão de atendimento por vários outros bancos.

Custos elevados, escala, atuação em geografias distintas, acesso às populações que não têm renda e redução das taxas de inadim-

---

[1] Elaborado com base em: KAVAKAWA, J.K., BELLOMO, M. P., SILVEIRA, P. *Os desafios do microcrédito no Brasil*: o caso Lemon Bank – o banco de todo brasileiro. Trabalho de conclusão de curso apresentado ao MBA Executivo Internacional da Fundação Instituto de Administração – Turma 29. FIA: São Paulo, 2006. Orientadores: Prof. MSc. Carlos Honorato Teixeira e Prof. Dr. James T. C. Wright.

plência pesam de tal maneira que ainda não há uma instituição que tenha conseguido combinar uma operação lucrativa em grande escala no microcrédito.

Para combater essas ameaças, algumas ações como o compartilhamento da rede de correspondentes bancários, o aumento de capilaridade e a expansão da rede de correspondentes são consideradas pelo Lemon Bank para fortalecer sua posição. É possível, sim, que bancos privados tenham lucros sustentáveis e, ao mesmo tempo, fomentem um mercado na base da pirâmide.

1 Introdução

Um caso raro no setor financeiro brasileiro: uma empresa que realiza operações de crédito para a população de baixa renda. Ao oferecer a chance de esse público conseguir pequenos capitais, o Lemon Bank e outras instituições financeiras podem promover inclusão social e, ao mesmo tempo, garantir uma rentabilidade sustentável.

O Brasil está situado entre os países que apresentam maiores desigualdades na distribuição de renda. O índice de Gini do Brasil é 0,593, segundo dados estatísticos do Human Development Report (2005), e somente sete países possuem índice pior: Guatemala, Suazilândia, República Centro-Africana, Serra Leoa, Botswana, Lesoto e Namíbia. Essa alta concentração de renda é também percebida quando se classifica a população de acordo com sua renda mensal: 81% da população brasileira encontra-se nas classes C, D e E.

Um importante instrumento de inclusão social das classes populares é o acesso ao crédito, uma vez que isso pode viabilizar o financiamento de pequenos insumos e ferramentas de produção que permitam o incremento da renda dessa população. Nesse sentido, os instrumentos assistencialistas do governo, como o Bolsa Família, poderiam ser substituídos pela concessão de microcréditos às microatividades produtivas, em consonância com a sabedoria popular de que é melhor ensinar a pescar do que simplesmente dar o peixe.

Nos últimos anos, a oferta de produtos financeiros voltados às classes C, D e E ficou concentrada principalmente em bancos públicos como o Banco do Nordeste, a Caixa Econômica Federal e o Banco do Brasil, por meio da criação do Banco Popular do Brasil. Entretanto, não é claro se é possível ter rentabilidade em tais operações. O Banco Popular do Brasil, por exemplo, anunciou prejuízos da ordem de R$ 25,765 milhões no primeiro semestre de 2006, atribuindo esse resultado, entre outras razões, ao alto índice de inadimplência.

Apesar disso, as empresas privadas não devem se furtar do seu importante papel na sociedade e também pensar em instrumentos de inclusão social e formação de um grande e novo mercado consumidor na base da pirâmide, não de forma assistencialista, mas objetivando a penetração em um novo e promissor mercado.

2 O caso: Lemon Bank – O banco de todo brasileiro[2]

2.1 *"Oferecer cidadania"*

Em janeiro de 2006, Michael Esrubilsky e Gilberto Salomão foram promovidos, respectivamente, a presidente e a diretor-geral do Lemon Bank. Isso depois de terem ajudado a formar uma rede de 4.200 pontos de atendimento, no final de 2005, com foco de atuação na população de baixa renda, proporcionando oferta de serviços financeiros em localidades próximas às suas residências.

O Lemon Bank é um banco comercial privado que atua, quase exclusivamente, por meio de correspondentes bancários – estabelecimentos comerciais como farmácias, mercados, padarias, lojas de material de construção, dentre outros, habilitados a prestar os serviços oferecidos por uma instituição bancária. Baseia-se no conceito de "oferecer cidadania à população que não era levada em conta pelo sistema bancário nacional" (LEMON BANK, 2006).

Ao mesmo tempo em que presta um serviço social a essa camada da população, ao levar serviços bancários para perto de suas residências, o Lemon Bank possui uma operação lucrativa. Entretanto, os executivos do banco sabem do grande desafio à sua frente, uma vez que os correspondentes bancários estão sendo empregados como canal de expansão de atendimento por vários outros bancos, acirrando a competição pela prestação de serviços de cobrança e de arrecadação de convênios e tributos, o que pode ameaçar a sua receita futura.

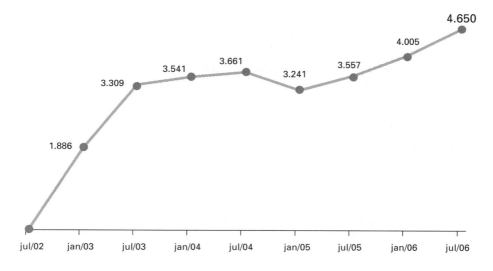

Figura 3.1 Número de correspondentes bancários entre 2002 e 2006.
Fonte: Lemon Bank.

---

[2] A partir de 26/01/2011, o Banco Lemon S.A. passou a utilizar a denominação Banco Bracce S.A.

O futuro dos bens populares

Fundado em 2001 e autorizado pelo Banco Central a funcionar a partir de junho de 2002, o Lemon Bank se define como um banco popular. Em sua estratégia, considera como requisitos fundamentais ter custos menores, pontos de distribuição diferenciados, mais investimentos em tecnologia e em produtos e serviços feitos sob medida para seus clientes. Em vez de possuir "agências suntuosas" e "enormes estruturas", prefere posicionar-se como um banco mais conveniente, mais acessível, mais barato e mais perto do dia a dia dos brasileiros. Em resumo, seu posicionamento mercadológico é "prover acesso e facilidade a baixo custo".

Para ter custos menores e poder estar localizado próximo ao seu público-alvo, pertencente às populações das classes B2, C e D, o Lemon Bank utiliza a estratégia dos correspondentes bancários, que ofertam serviços financeiros como o de aceitar o pagamento de contas de convênios, de concessionárias e de boletos de cobrança. A rede de atendimento, composta pelos 4.650 pontos, está distribuída em 18 estados, principalmente na região Nordeste e no Distrito Federal, totalizando mais de mil municípios.

Para viabilizar essa rede de alta capilaridade, o banco faz parcerias com grandes redes varejistas espalhadas por todo o Brasil e com empresas denominadas Gestores de Redes, como Multibank, Pag Fácil, RTR Serviços, Netcash e Fortbusiness, dentre outras. Por meio dessas parcerias comerciais, os pontos de correspondentes bancários são encontrados em padarias, farmácias, supermercados, estabelecimentos comerciais, lojas e quiosques.

Dependendo da localização do correspondente, do fluxo de clientes e do volume de pagamentos e serviços prestados, existem três modelos de correspondentes que podem ser adotados, destinados a prestar o serviço com qualidade e pouca ocorrência de fila:
- o ponto de serviço é constituído por lojas que oferecem vários serviços ao público e também operam como correspondentes;
- o ponto quiosque é constituído por estruturas montadas dentro do varejo que possuem operação exclusiva para o Lemon Bank;
- o ponto híbrido funciona em lojas de varejo, como farmácias e supermercados, no caixa do próprio estabelecimento.

Por meio dessa rede de atendimento, o Lemon Bank propicia serviços financeiros aos seus 4 milhões de clientes.

2.2 *Tecnologia*

Segundo seus dirigentes, o investimento em tecnologia é um diferencial competitivo para o Lemon Bank. O emprego da tecnologia possibilitou o uso de terminais baratos na operação, a utilização de uma infraestrutura de comunicações flexíveis e adequada a cada um dos tipos de pontos definidos pelo modelo de negócio, e a escolha adequada dos mecanismos de segurança digitais. Foi definido um Centro de Processamento de Dados de padrão internacional e foram desenvolvidos sistemas de processamento próprios, assegurando ao banco uma operação segura, eficiente e a custos baixos.

Isso se reflete na pequena estrutura do banco, composta por apenas 60 funcionários, que inclui desde os técnicos, assistentes, analistas de negócio, até o presidente da instituição. Outra comprovação da eficiência operacional, apoiada na tecnologia, é a grande capacidade de processamento do Lemon Bank: no primeiro semestre de 2006 foram realizadas mais de 55 milhões de transações pelos sistemas do banco.

Tabela 3.1 Dados financeiros 2005–2006

Recebimento de contas	a) Recebimento de contas de concessionárias O Lemon Bank processa cerca de 5,4% do total de contas de concessionárias, e possui convênio com mais de 200 concessionárias de serviços públicos. Em junho de 2006 o banco recebeu R$ 370 milhões, que foram repassados às concessionárias. b) Recebimento de boletos bancários O banco processou, em junho de 2006, 2,76% do volume nacional de boletos bancários.
Conta corrente e outros produtos	a) Conta Brasil É uma conta corrente destinada à pessoa física. b) Conta Empresa É uma conta corrente destinada à pessoa jurídica. c) Oferta de crédito digital Possui contrato com as concessionárias de telecomunicações Oi, Vivo, TIM, Claro, Embratel, Telefônica e Livre. d) Ordem de pagamento e) Seguro premiado para acidentes pessoais f) Transações compartilhadas Possui parceria comercial com a Rede Verde e Amarela (Rede RVA) para permitir saque e consulta à conta via terminais dessa rede.
Operações de crédito	Nas operações de crédito, o Lemon Bank utiliza o lema de conceder "crédito para quem a gente já conhece". a) Crédito pessoal O banco identifica o cliente por meio do perfil de pagamento de contas e, em função da análise de risco, utilizando um algoritmo próprio, concede o limite de saque em valores que variam entre R$ 150,00 e R$ 1.000,00. O pagamento é feito por meio de boletos bancários em prazos de 3 a 12 meses. b) Crédito para concessionárias de serviços públicos Essa é uma operação vinculada ao convênio de arrecadação de contas. O valor do crédito é limitado em até 200% do valor arrecadado em um mês pela concessionária, e é cobrada a taxa de juros do CDI do mês mais o *spread* do mercado. O prazo concedido para o pagamento varia de 3 a 12 meses, e a formalização é feita por meio de Cédula de Crédito Bancário.

2.3 *Portfólio de produtos*

Os produtos oferecidos nos pontos de correspondentes bancários pelo Lemon Bank proporcionaram maior conveniência à população, principal-

O futuro dos bens populares

mente àquela de baixa renda. O banco focou sua atuação, inicialmente, no recebimento de contas. Em 2004 esse mercado era estimado pela Federação Brasileira de Bancos (Febraban) e pelo Banco Central em 2 bilhões de transações por ano, segundo informações do próprio banco.

O Lemon Bank recebe mais de 10 milhões de contas mensais, arrecadando mais de R$ 800 milhões por mês. O portfólio de produtos pode ser classificado em três grandes categorias:

- recebimento de contas;
- contas correntes e outros produtos;
- operações de crédito.

O Lemon Bank Banco Múltiplo S. A., organizado sob a forma de banco múltiplo, está autorizado a operar com carteira comercial e crédito imobiliário. No primeiro semestre de 2006, comparativamente com o de 2005, a instituição apresentou expressiva melhoria em seu resultado financeiro, obtendo um lucro de R$ 1,069 milhão contra um prejuízo de R$ 434 mil em igual período de 2005.

As receitas do Lemon Bank estão fortemente concentradas na prestação de serviços de recebimento de contas. As receitas de prestação de serviços foram de R$ 22,353 milhões no primeiro semestre de 2006, com significativo crescimento de 56% quando comparado com o mesmo período do ano anterior. Para entender como são auferidas as receitas no modelo de negócio de prestação de serviço de recebimento de boletos de cobrança, deve-se entender o fluxo do serviço prestado e como são remunerados os serviços.

A pessoa que quer pagar um boleto de cobrança e escolhe um correspondente do Lemon Bank para realizar essa operação é o "fornecedor". O correspondente recebe o pagamento e o repassa ao Gestor de Rede que, por sua vez, repassa ao Lemon Bank. O Lemon, utilizando-se do sistema de compensação interbancária, envia a informação do pagamento e repassa o valor pago ao banco "cedente da cobrança". Este, finalmente, entrega à empresa contratante do serviço do banco.

O cliente final, a empresa que contratou o serviço de cobrança, paga a tarifa pelo serviço prestado de cobrança bancária ao banco "cedente da cobrança". Este, por sua vez, paga ao Lemon Bank a tarifa interbancária, cujo valor é definido anualmente pelas associações de bancos. É essa tarifa interbancária que remunera o Lemon e toda a cadeia "corrente acima" do fluxo de pagamento, constituída pelos Gestores de Rede e pelos correspondentes.

O fluxo é semelhante para a prestação de serviços de recebimento de tributos e de contas de utilidades, gás, luz, telefone e assemelhados. Entretanto, neste modelo, o Lemon Bank é contratado diretamente pelos órgãos públicos ou empresas concessionárias dos serviços de utilidade.

As receitas provenientes da intermediação financeira, no primeiro semestre de 2006, foram de R$ 2,4 milhões. Desse valor, quase R$ 1 milhão é relativo às operações de crédito, com o expressivo crescimento em 91% com relação ao primeiro semestre de 2005, o que confirma a estratégia do Lemon Bank de iniciar uma operação mais forte nesse tipo de operação.

É importante notar que o resultado operacional positivo foi fortemente ligado ao resultado também positivo da intermediação financeira e do maior volume na prestação de serviços, que contribuíram para diminuir o déficit de "Outras Receitas/Despesas Operacionais".

2.4 *Correspondentes bancários*

As Resoluções 2.707, de 30 de março de 2000, e 2.953, de 25 de abril de 2002, revogadas pela vigente Resolução 3.110, de 31 de julho de 2003, todas do Conselho Monetário Nacional e tornadas públicas pelo Banco Central do Brasil, regulamentaram a figura do correspondente bancário. Com isso, possibilitaram aos bancos a utilização de pontos comerciais como drogarias, padarias, supermercados e outros estabelecimentos para realizar algumas operações financeiras. Essa iniciativa do governo permitiu o aumento da capilaridade dos pontos de atendimento, uma vez que viabilizou a utilização de estruturas com menores custos operacionais quando comparados aos custos de uma agência bancária.

A Caixa Econômica Federal foi pioneira na utilização dos correspondentes bancários, compatibilizando rentabilidade, via redução dos custos, e assistência a localidades carentes. Em 2000, a Caixa contava com sua rede de agências e postos de atendimento, complementados por 6.523 casas lotéricas, presentes em 1.554 municípios. Em 2001, iniciou a implantação de sua rede de correspondentes bancários, por meio do programa "Caixa Aqui", e em 2002 já estava presente em todos os 5.651 municípios do País, complementando sua rede tradicional de agências e postos com 8.952 casas lotéricas e 2.108 correspondentes bancários.

O Bradesco seguiu a experiência internacional de utilizar as agências de correio. Na Europa, a experiência da Alemanha é significativa, com seus 13,5 mil pontos e US$ 45 bilhões em depósitos, e também a da França, com o La Poste, distribuindo produtos e serviços financeiros em 17 mil agências de correios e US$ 5,8 bilhões em depósitos. No Japão, a experiência é positiva com 24 mil agências postais servindo a população e seus US$ 2 trilhões de depósitos anuais. A primeira agência do Banco Postal do Bradesco foi inaugurada em março de 2002, com investimento de R$ 450 milhões na implantação de 5.523 agências, "com o objetivo de oferecer produtos e serviços financeiros básicos, especialmente à população de baixa renda".

Já o Banco do Brasil decidiu atuar nesse mercado por meio de uma subsidiária denominada Banco Popular do Brasil (BPB). A autorização do Banco Central foi publicada em dezembro de 2003, e o primeiro ponto de atendimento utilizando um correspondente bancário foi inaugurado em fevereiro de

O futuro dos bens populares

2004. Trabalhando exclusivamente com correspondentes bancários, o Banco Popular do Brasil conta com 4.547 pontos em sua rede de atendimento[3].

Outros bancos, como o ABN AMRO Real, o HSBC, o Santander e a Nossa Caixa, também utilizam os correspondentes bancários, pelo seu baixo custo operacional, como alternativa para aumentar a capilaridade e penetração de suas redes e canais de atendimento. A Visanet, empresa que presta o serviço de "adquirente" para os cartões de crédito e de débito da bandeira Visa, anunciou que possui plataforma tecnológica para viabilizar aos bancos a instalação de correspondentes bancários em pontos comerciais.

2.5 *O modelo internacional do microcrédito*

A experiência internacional mais bem-sucedida e conhecida de microcrédito vem de Bangladesh, país vizinho da Índia, com 60% de analfabetos. Lá vive o bengalês Muhammad Yunus, conhecido como o "banqueiro dos pobres", que criou uma instituição bancária que trabalha exclusivamente com microcrédito para as classes mais desprovidas do país, contrariando as concepções sobre como administrar um banco. Essa experiência se tornou notória em 2006, quando Yunus ganhou o prêmio Nobel da Paz por sua luta por uma economia mais justa para as pessoas de baixa renda por meio de seu banco.

A história de como Yunus teve a ideia de criar o banco é inusitada, interessante e mostra a grandiosidade humana desse professor de economia doutorado pela Universidade de Vanderbilt, que não se conformava com as belas teorias econômicas que não resolviam o problema da miséria.

Em 1974, Yunus visitou uma aldeia perto de onde lecionava. Ali descobriu uma artesã que emprestava US$ 0,22 centavos por dia de agiotas para comprar matéria-prima para suas cestas de vime. No fim do dia, ela revendia essas cestas para os próprios agiotas, e ficava com apenas 10% do valor. Em outras visitas, acompanhado de seus alunos, ele descobriu 42 artesãos que, ao todo, deviam US$ 27 aos agiotas. Yunus emprestou o dinheiro que tinha no bolso a juros mais baixos e, com isso, mudou a vida das pessoas da aldeia e a sua também. A experiência o inspirou a criar o Banco Grameen ("banco das aldeias"), em 1976, e que já ajudou cerca de 10% da população de Bangladesh a romper a linha de pobreza.

O banco de Yunus funciona diferentemente do modelo vigente, pois o Grameen Bank fornece empréstimos a pessoas que não possuem comprovação de renda. Yunus costuma afirmar que "caridade é um péssimo negócio para um país", pois não cria desenvolvimento sustentável e não motiva as pessoas a realizar algo de concreto. Dessa maneira, o objetivo do Grameen é conceder crédito a pessoas que, com pequenos capitais, possam investir em

---

[3] Paiva (2006).

algum tipo de empreitada que lhes proporcione renda. Assim, elas pagam o que devem e, consequentemente, podem solicitar um novo empréstimo para ampliar seus negócios, criando um processo sustentável de desenvolvimento. Essas pessoas, antes desprovidas de renda, tornam-se microempreendedores dos mais variados tipos. São comuns os casos como o da senhora que investiu em cabras para vender leite, da lavadeira ou do vendedor de frutas que, com pequenos capitais iniciais, formaram seus negócios.

Para obter esses empréstimos, os candidatos devem apenas cumprir uma regra: ter o aval de um grupo, comunidade ou familiares. Esse acordo não tem como objetivo exigir garantia da devolução do dinheiro por parte dos fiadores, mas sim estabelecer um compromisso de que, se houver inadimplência, nenhum membro daquele grupo poderá receber um novo empréstimo. Como ninguém quer ficar com fama de caloteiro em sua comunidade, 99% dos empréstimos são recebidos de volta pelo banco. Com isso o Grameen Bank consegue gerar mais empréstimos e, desde 1998, não recebe fundos externos, pois o pagamento dos empréstimos é suficiente para a manutenção e expansão de seu programa de crédito.

Um dos fatores que determina a baixíssima inadimplência de 1% parece ter ligação com a estratégia preferencial de concessão de empréstimos às mulheres, diferentemente dos bancos tradicionais, que têm o foco no público masculino. Conforme dados do Grameen Bank, 96% dos empréstimos foram concedidos às mulheres, dando-lhes condição de possuir bens e, assim, elevar seu status acima do nível de pobreza.

Outra diferença marcante do Grameen Bank é que a maior parte de suas atividades é localizada na zona rural. O Grameen Bank tem como filosofia ir aos seus clientes ao invés de os clientes irem até o banco. Dessa forma, 18.482 funcionários encontraram 6,5 milhões de tomadores dos créditos na porta de suas casas, em 70.370 vilas por todo Bangladesh. Esse trabalho é realizado com visitas semanais a essas vilas, entregando vários serviços bancários a uma população desprovida de facilidades.

2.6 *A situação do microcrédito no Brasil*

Embora o setor de microcrédito no Brasil tivesse apresentado crescimento até aquele ano, sua expansão ainda esbarrava em alguma dispersão de esforços. Isso porque, entre mais de uma centena de entidades que operavam o microcrédito em 2001, apenas seis atendiam mais do que 2.000 clientes. Assim, somente as carteiras ativas de alto valor conseguiam ter rentabilidade suficiente para sua sustentabilidade.[4]

Há uma significativa quantidade de contratos efetuados em microcrédito entre agosto de 2003 e abril de 2006 pelos bancos públicos, na ordem de

---

[4] Costa (2003).

mais de 9,6 milhões, e em valores que ultrapassam R$ 2,7 bilhões no período. Os bancos públicos, considerados por Bittencourt (2006), foram a Caixa Econômica Federal, o Banco Popular do Brasil, o Banco do Brasil, o Banco da Amazônia (Basa) e o Banco do Nordeste do Brasil (BNB). No entanto, apenas 58% do recurso disponível em depósito compulsório no Banco Central foram destinados para esse tipo de operação pelos bancos.[5] É certo que a capilaridade dos bancos públicos federais, em especial a Caixa Econômica Federal e o Banco do Brasil, possui escala de recursos e logística física que viabilizou a concessão de mais de 4 milhões de contratos, em um montante de cerca de R$ 1 bilhão em microempréstimos, fortalecendo a atuação dos bancos públicos em microcrédito.[6]

Costa (2003) destaca a experiência do BNB que, a partir de 1998, com o programa CrediAmigo, foi o primeiro caso brasileiro de integração entre um banco público federal e o microcrédito. O autor afirma que uma organização com infraestrutura física estabelecida, mantendo um sistema descentralizado de monitoramento de carteiras de empréstimo, tem condições de se consolidar rapidamente no setor de microcrédito, por alcançar logo escala operacional. Entre o início do programa, em outubro de 1997, e o final de 2002, o BNB realizou mais de 947 mil contratos, em valores de cerca de R$ 721,5 milhões. Entre janeiro de 2003 e abril de 2006, o total de contratos realizado somou mais de 1,7 milhão, em valores acima de R$ 1,5 bilhão, demonstrando o significativo crescimento das operações.

Uma das iniciativas brasileiras que leva em conta comunidades solidárias para concessão do microcrédito é a São Paulo Confia, criada em 2001 pela prefeitura paulistana e que concede empréstimos de R$ 50,00 a R$ 5.000,00 apenas para grupos formados por quatro a sete empreendedores. Nesses grupos, cada um se compromete a garantir solidariamente o pagamento do crédito concedido a todos os integrantes. O objetivo é fazer com que cada empreendedor tenha responsabilidade, fiscalize e acompanhe o pagamento das prestações dos demais participantes do grupo. Em regra, o microcrédito adota essa prática de garantia social, ou seja, utiliza de forma usual o fiador coletivo com base em relações de confiança, reciprocidade e participação.

2.7 *Mercado potencial*

De acordo com pesquisa domiciliar realizada pelo IBGE em 2004, o perfil de rendimento de 81,5% das famílias brasileiras é de até três salários mínimos. Essas famílias têm necessidades de financiamento não supridas pelo mercado bancário tradicional, utilizando-se de crediários até empréstimos

---

[5] Ribeiro (2006).
[6] Bittencourt (2006).

de agiotas. Há, dessa forma, um grande potencial de mercado para pequenos empréstimos, seja para necessidades imediatas, de estudos, ou para financiamento de pequenas atividades de geração de renda, como vendedores de rua, alimentos e outras.

O Balanço Social da Febraban informa que o acirramento da competição entre os bancos e o barateamento do custo de acesso eletrônico intensificaram o processo de abertura de contas correntes – estas atingiram 63,2 milhões em 2001 – e de poupança (51,2 milhões), permitindo a "bancarização" de uma maior parcela da população de baixa renda. Em 2000, 91% das contas correntes pertenciam às pessoas físicas. Supondo a manutenção desse percentual em 2001 (e descontando as pessoas que têm mais de uma conta), pode-se estimar que cerca de 54,6 milhões de pessoas têm acesso bancário. Pochmann (2001) não entra na polêmica sobre população "bancarizada" ou não. Ele recomenda que o público-alvo de um programa de microcrédito não deve ser, exatamente, a população "não bancarizada", mas sim "os mais pobres entre os pobres". Cerca de 29 milhões de famílias estavam, em 2004, abaixo do ganho familiar mensal de um salário mínimo. Em termos relativos, os mais pobres representavam 51% do total de famílias.

O grande exemplo de concessão de crédito massificado é o concedido pelos bancos por meio das linhas de crédito direto ao consumidor (CDC) e de empréstimo pessoal. A inadimplência nos bancos que se especializaram no nicho de crédito massificado é alta, mas os *spreads* são proporcionalmente maiores e compensam as perdas.

Assim, as camadas de baixa renda, pelo menos nas regiões mais desenvolvidas do País, tendem a ser atendidas pelo setor bancário, que demonstra interesse em atender essa faixa com crédito direto ao consumidor e cartões de crédito quando as taxas de retorno são altas. Os bancos privados evitam trabalhar com microcrédito a taxas de 2% ao mês por temer o custo da inadimplência.[7]

Costa (2003) sugere que a "bancarização" da população sem acesso bancário poderia ser viabilizada pela rede de lotéricas e correspondentes bancários, cadastrando contas eletrônicas simplificadas como primeiro passo para a concessão de crédito. A outra grande oportunidade para as redes de bancos estaria na distribuição dos "cartões do cidadão" para transferências de benefícios sociais, com a possibilidade de transformação desses cartões em cartões de débito e de microcrédito, para em seguida fidelizar os milhões de recebedores diretos desses benefícios sociais.

Um bom exemplo dessa integração é a adoção do sistema de contas simplificadas pelos bancos federais. Essas contas significam a possibilidade de concessões de microcrédito na utilização de seus reduzidos limites pelas

---

[7] Carvalho (2006).

mesmas taxas de 2% ao mês, concedidas a pessoas físicas. O número de contas correntes simplificadas abertas nos bancos públicos atingiu, em 30 de abril de 2006, o expressivo número de quase 6,8 milhões. Destas, quase 5,8 milhões estão ativas.[8]

2.8 *Regulamentação do microcrédito*

A Resolução 3.422 (BC, 2006), referente à reunião do Conselho Monetário Nacional (CMN) realizada no dia 30 de novembro de 2006, ampliou os limites das operações de microcrédito para pessoas físicas e para empreendimentos produtivos. O programa do microcrédito foi lançado originalmente por medida provisória em junho de 2003 e estabelece que 2% de todos os depósitos à vista em conta corrente dos bancos públicos e privados devem ser reservados para aplicações em operações de microcrédito. Esses depósitos são compulsórios e são retidos pelo Banco Central.

A norma estabelece que as operações realizadas com esses recursos não podem ultrapassar taxas de juros efetivas de 2% ao mês, nas operações para pessoas físicas e empreendimentos produtivos, e de até 4% no microcrédito orientado. Nesta modalidade, o tomador recebe orientação técnica para execução de seu projeto durante toda a sua concessão. Nesses empréstimos, é vedada a cobrança de qualquer outra taxa ou despesa, e subentende-se que, dentro desse percentual, os bancos devem custear seus esforços. O que não for emprestado fica retido no BC, sem possibilidade de rendimento.

A norma estabelece, ainda, que o valor do crédito não pode ser superior a R$ 1 mil quando se tratar de pessoas físicas, e R$ 3 mil quando se tratar de microempreendedores. O limite para o saldo médio mensal nas contas de depósito (exceto simplificadas) passou para R$ 3 mil. Já o limite dos saldos devedores é de R$ 15 mil nas operações de crédito de microempreendedores ou microempresas beneficiadas, com exceção das operações de crédito habitacional.

A norma permite a concessão de até R$ 10 mil quando se tratar de microcrédito produtivo orientado, concedido pelos bancos comerciais e pela Caixa Econômica Federal, bem como associações para esse fim, desde que utilizem metodologia baseada no relacionamento direto com o empreendedor, no local onde é executada a atividade econômica. O atendimento ao tomador final dos recursos deve ser realizado por pessoas treinadas para efetuar o levantamento socioeconômico e prestar orientação educativa sobre o planejamento do negócio, para definição das necessidades de crédito e de gestão voltadas para o desenvolvimento do empreendimento. O contato com o tomador final dos recursos deve ser mantido durante o período do contrato para acompanhamento e orientação, visando ao seu melhor aproveitamento e aplicação, bem como ao crescimento e sustentabilidade da atividade econômica. O valor

---

[8] Bittencourt (2006).

e as condições do crédito devem ser definidos após a avaliação da atividade e da capacidade de endividamento do tomador final dos recursos, em estreita interlocução com ele, em consonância com o previsto na resolução. A norma estabelece ainda que o prazo da operação não pode ser inferior a 120 dias.

A evolução do microcrédito produtivo orientado concedido pelo BNDES entre os anos de 2002 a 2006 é a seguinte:

Tabela 3.2 Microcrédito produtivo orientado – BNDES

Ano	Total de operações (contratos)	Valor total liberado (R$ 1.000)	Valor médio (R$)
2002	100.297	120.602	1.202
2003	117.582	139.088	1.183
2004	130.323	175.904	1.350
2005	142.465	194.089	1.362
2006 (*)	43.236	58.594	1.355

Fonte: BNDES – operações com microempreendedores.
(*) Desembolsos até 30/04/06.

É interessante notar que a norma estabelece que os bancos de desenvolvimento, as agências de fomento, os bancos cooperativos e as cooperativas centrais de crédito podem atuar na intermediação de recursos entre as instituições financeiras e as instituições de microcrédito produtivo orientado, desde que habilitadas pelo Ministério do Trabalho e Emprego, com cadastro e termo de compromisso. Essas operações de microcrédito produtivo orientado podem ainda ser realizadas mediante contrato de prestação de serviços, em nome das instituições financeiras sujeitas às exigibilidades da Lei.

Apesar de toda a regulamentação favorável, em outubro de 2006 havia R$ 1,6 bilhão, correspondente a 2% de depósitos compulsórios, que poderia ser destinado às operações de microcrédito, mas as aplicações somaram apenas R$ 986 milhões. Ou seja, apenas 58% do total foi emprestado.[9]

Há também um programa de microcrédito rural, o Programa Nacional de Fortalecimento da Agricultura Familiar (Pronaf), com subsídios da União, tanto para equalização de taxas de juros quanto para cobrir parte dos custos bancários. Esse programa opera principalmente nos bancos públicos federais e cooperativas de crédito, tendo atendido, de 2005 a 2006, cerca de 1,8 milhão de famílias em diversas modalidades de crédito (custeio e investimento). O Pronaf ampliou de R$ 2,2 bilhões (2001/02) para R$ 7,8 bilhões (2005/06) os recursos efetivamente aplicados no ano safra.

---

[9] Ribeiro (2006).

Cabe registrar que, mesmo com todos esses incentivos, o Banco Popular do Brasil, instituição subsidiária do Banco do Brasil para o segmento de microfinanças, registrou prejuízo de R$ 25,765 milhões no primeiro semestre de 2006, em virtude principalmente dos altos índices de inadimplência da carteira (RIBEIRO, 2006). Outra observação é que o Bradesco desistiu do microcrédito por causa dos prejuízos. Uma taxa de 2% não é compatível com uma inadimplência ao redor de 8%, explicou o presidente do banco, Márcio Cypriano.[10]

2.8 O futuro

O Lemon Bank espera consolidar sua posição com o diferencial competitivo na oferta de produtos de crédito à população de baixa renda. Nesse sentido, a rentabilidade do produto Super Grana será essencial para poder alavancar esse tipo de operação no banco. Porém, a administração da carteira de clientes e da inadimplência poderá fazer toda a diferença para o sucesso ou o fracasso da iniciativa.

Com a crescente competição no mercado, com grandes bancos estabelecendo sua rede de correspondentes, os executivos estudam compartilhar a rede de correspondentes do Lemon e, nesse sentido, começam a oferecer, por meio de parceria, a prestação de serviço como se fosse um agente e gestor de canal para outros bancos. Eles iniciaram a oferta de crédito consignado nessa nova modalidade operacional. Como complementação à estratégia de diferenciação, o aumento de capilaridade e a expansão da rede de correspondentes bancários também são ações consideradas pelo Lemon Bank e visam fortalecer sua posição mercadológica.

Como vencer todos esses desafios, minimizando os riscos, e garantindo o sucesso de sua estratégia para garantir um crescimento sustentável ao banco? Seria a operação de crédito à população de baixa renda a decisão mais acertada para contribuir para o crescimento sustentável, garantindo lucro?

2.9 Rentabilidade sustentável e inclusão social

Porter (2005) define que o objetivo da estratégia competitiva é colocar a empresa em posição favorável contra as forças que determinam a concorrência em um setor industrial. Ele argumenta que, para se ter uma rentabilidade sustentável, duas são as questões centrais: a atratividade das empresas em termos de rentabilidade a longo prazo e a posição relativa dentro de um setor.

Segundo o autor, as regras da concorrência que determinam a atratividade em um setor são englobadas em cinco forças competitivas:

- a entrada de novos concorrentes;
- a ameaça de substitutos;

---

[10] CARVALHO, M. C. Valor Econômico, 22 nov. 2006.

- o poder de negociação dos compradores;
- o poder de negociação dos fornecedores;
- a rivalidade entre os concorrentes existentes.

Dependendo do vigor coletivo destas forças, obtém-se maior ou menor rentabilidade naquele setor, pois elas influenciam os preços, os custos e o investimento necessário das empresas, elementos que compõem o retorno sobre o investimento.

O poder de negociação dos compradores determina até que ponto eles retêm grande parte do valor criado para eles mesmos, ao exercerem forte pressão para diminuição do preço, deixando as empresas com pequenos retornos. A alavancagem de negociação e a sensibilidade ao preço são determinantes do poder do comprador. Influenciam a alavancagem de negociação a concentração dos compradores *versus* a concentração das empresas; o volume do comprador; o custo de mudança do comprador em relação aos custos de mudança da empresa; a informação do comprador; a possibilidade de integração para trás e a existência de produtos substitutos.

A sensibilidade ao preço é função da relação entre preço e compras totais, das diferenças dos produtos, da marca, do impacto sobre qualidade e desempenho, dos lucros do comprador e dos incentivos dos tomadores de decisão. O poder de negociação dos fornecedores determina até que ponto os fornecedores irão se apropriar do valor criado naquele setor, diminuindo a possibilidade de as empresas terem o adequado retorno. Dentre os determinantes do poder do fornecedor encontram-se a diferenciação de insumos, os custos de mudança dos fornecedores e das empresas no setor, a presença de insumos substitutos, a concentração de fornecedores, a importância do volume para o fornecedor, o custo relativo a compras totais no setor, o impacto dos insumos sobre custo ou diferenciação e a ameaça de integração para frente em relação à ameaça de integração para trás pelas empresas no setor.

A ameaça de entrada determina a probabilidade de novas empresas conquistarem mercado, diminuindo o valor capturado pelas empresas já estabelecidas. Conhecer a força ou fraqueza das barreiras de entrada é essencial para a definição da estratégia competitiva. O que determina a intensidade da barreira de entrada são economias de escala, diferenças de produtos patenteados, identidade de marca, custos de mudança, exigência de capital, acesso à distribuição, vantagens de custo absoluto baseado na curva de aprendizagem, acesso a insumos necessários e a projetos de produtos de mais baixo custo, política governamental e retaliação esperada das empresas tradicionais do setor.

A ameaça de substitutos define se algum outro produto pode atender às necessidades do comprador, impondo um limite de preço máximo para o qual o cliente estaria disposto a pagar pelo produto ou serviço. Essa ameaça

O futuro dos bens populares

depende do desempenho do preço relativo dos substitutos, dos custos de mudança e da propensão do comprador a substituir.

Finalmente, a rivalidade do setor e sua intensidade definem se as empresas que atuam nele irão reter o valor criado por elas ou repassar o valor para os compradores por meio de preços mais baixos ou verem diminuídas a sua rentabilidade por terem de suportar custos mais elevados decorrentes da acirrada concorrência e da necessidade de realizar ações de marketing para manter o produto na mente dos compradores. Os determinantes da intensidade da rivalidade são: a taxa de crescimento do setor, a relação custos fixos sobre o valor adicionado, a existência crônica de excesso de capacidade, a diferença dos produtos, a identidade de marca, os custos de mudança, a concentração e o equilíbrio, a complexidade informacional, a diversidade dos concorrentes, os interesses empresariais e as barreiras de saída.

A aplicação do modelo das cinco forças de Porter na análise do setor bancário, sob a ótica do foco de atuação do Lemon Bank no recebimento de contas, na oferta de crédito popular e de produtos financeiros voltados à população de baixa renda, pode trazer conclusões importantes sobre a atratividade desse mercado e permitir a adequada escolha da estratégia competitiva.

O poder de negociação do comprador nas operações de recebimento de boletos de cobrança pode ser considerado entre médio e alto, pois o preço pago pelo banco emitente do boleto ao banco recebedor do pagamento é o valor da tarifa interbancária. E essa tarifa é destinada apenas a ressarcir os custos do banco que recebeu o pagamento do boleto. Logo, a rentabilidade de tal operação tende a ser pequena. Da mesma forma, o poder de negociação do comprador nas operações de recebimento de contas de convênios, concessionárias e tributos também é alto, pois os compradores são grandes empresas e órgãos de governos com grande volume de transações e que pressionam para obter preços baixos.

A força de negociação dos fornecedores é baixa, considerando-se as operações de recebimento de contas em geral. Observe que o fornecedor, nesse caso, são as pessoas que pagam contas em um dos canais dos bancos, portanto, em grande quantidade e dispersas geograficamente.

Os substitutos às operações de pagamento de contas que podem ser considerados são os pagamentos em dinheiro ou cheque feitos diretamente aos prestadores de serviços e cartões de crédito e de débito, utilizados em operações comerciais. É fato, porém, a grande popularidade e a larga utilização dos boletos como instrumento de cobrança, pois permitem o pagamento em qualquer banco até a data de vencimento.

Já o poder de negociação do comprador nas operações de microcrédito é baixo, pois a figura do comprador é composta por um grande número de pessoas, com pouca ou nenhuma renda, dispersas geograficamente, localizadas nas periferias dos centros urbanos e em zonas rurais e que não encontram oferta de crédito nos canais tradicionais.

A força de negociação dos fornecedores em operações de crédito pode ser considerada baixa, se a captação dos recursos que serão destinados aos empréstimos for proveniente da poupança de um grande número de pessoas, ou média, se grandes grupos de empresas fornecerem os recursos em forma de aplicações financeiras nos bancos, exigindo taxas de remuneração mais altas.

Os substitutos às operações de crédito são agiotas, cartões de crédito, cheques pré-datados e as compras parceladas nas quais o crédito é concedido pelo próprio comerciante, popularmente conhecido como vender "fiado". Essas operações possuem suas limitações inerentes, como o pequeno prazo, usualmente três meses, ou as altas taxas de juros e o risco do relacionamento com os agiotas.

As barreiras de entrada para novas empresas são grandes, uma vez que a atuação no mercado financeiro é regulada pelo Banco Central. No caso específico do microcrédito, tornou-se possível à Organização da Sociedade Civil de Interesse Público (Oscip) e às Sociedades de Crédito ao Microempreendedor e à Empresa de Pequeno Porte (SCM)[11] efetuarem operações financeiras de microcrédito. A autorização de seu funcionamento é condicionada, também, à aprovação pelo Banco Central.

A intensidade da rivalidade é muito alta com bancos e financeiras de diversos tamanhos organizacionais procurando conquistar uma fatia maior do mercado. Porém, o que se observa é que há concentração e nichos de atuação das várias instituições e atendendo a segmentos já "bancarizados" da população. Os pobres da base da pirâmide, principalmente aqueles abaixo da linha de pobreza, não são atendidos pelas empresas tradicionais do setor bancário.

A partir dessa análise conclui-se que a atratividade da operação de recebimento de contas é baixa. A atratividade do microcrédito é média, pois o poder de negociação dos clientes é menor e a intensidade da rivalidade é pequena. Ela só não é alta em função do ambiente regulado e das taxas

---

11 Organização da Sociedade Civil de Interesse Público (Oscip) é um título fornecido pelo Ministério da Justiça a certas entidades, cuja finalidade é facilitar o aparecimento de parcerias e convênios com todos os níveis de governo e órgãos públicos (federal, estadual e municipal), e permite que doações realizadas por empresas possam ser descontadas no imposto de renda. Já as Sociedades de Crédito ao Microempreendedor e à Empresa de Pequeno Porte (SCM) têm por objeto social a concessão de financiamentos a pessoas físicas, a microempresas e a empresas de pequeno porte, para a viabilização de empreendimentos de natureza profissional, comercial ou industrial, de pequeno porte, equiparando-se às instituições financeiras para os efeitos da legislação em vigor. Essas instituições têm sua constituição, organização e funcionamento disciplinados pelo Conselho Monetário Nacional e sujeitam-se à fiscalização do Banco Central.

definidas em 2% ou 4% ao mês pelos órgãos reguladores. Vislumbra-se, nesse ambiente competitivo, uma oportunidade para o Lemon Bank explorar um nicho de mercado com um produto bem específico e desenhado para o segmento-alvo.

Ao escolher um nicho de mercado composto pela população de baixa renda, o Lemon Bank definiu um alvo estreito. Para conseguir sucesso na oferta de serviços financeiros a esse segmento de mercado, deve haver um custo mais baixo para garantir uma vantagem competitiva. Isso o posiciona na estratégia genérica de enfoque no custo. Para analisar o quão distante ou próximo o Lemon Bank se encontra com relação à estratégia competitiva genérica de enfoque no custo, podemos aplicar a análise SWOT à sua atual operação bancária:

- *Strengths*

  O Lemon Bank opera com uma estrutura enxuta composta por 60 funcionários e possui uma ampla rede capilar composta por 4.650 pontos de correspondentes bancários com foco de atuação na região Nordeste. Atende a mais de 4 milhões de pessoas em seus pontos de atendimento e possui baixa inadimplência nas operações de crédito até então realizadas. Possui baixos custos operacionais em função de seus processos de negócio e tecnologia aplicada.

- *Weaknesses*

  O produto de recebimento de contas está pressionado pela tarifa interbancária, que objetiva apenas remunerar os custos operacionais, sendo desenhada para prover pequena ou nenhuma rentabilidade ao banco que recebe o pagamento dessas contas. As operações de crédito estão concentradas em poucos clientes, em sua maioria, pessoas jurídicas. As operações com pessoas físicas ainda representam uma pequena parcela da carteira de crédito.

- *Opportunities*

  Os grandes bancos privados e instituições financeiras tradicionais ainda não estão explorando o mercado de microcrédito e acreditam que o risco da operação é alto. Os grandes bancos preferem deixar 2% do depósito compulsório no Banco Central sem qualquer remuneração, em vez de correr o risco de emprestar a taxa de 2% ao mês a uma inadimplência média de 8%. Oscip's e SCM's têm feito operações de microcrédito, porém em pequena escala. Os bancos públicos são mais agressivos na oferta de microcrédito, mas o Banco do Brasil anunciou prejuízos no primeiro semestre de 2006. Esses fatos abrem espaço para o Lemon Bank trabalhar nesse nicho de mercado.

- *Threats*

  Os mecanismos regulatórios constituem uma ameaça, pois podem arbitrar taxas de juro para operações de microcrédito incompatíveis com os custos reais da operação. Aspectos culturais podem impedir que a inadimplência desça a patamares compatíveis com a taxa de juro regulamentada.

As "fortalezas" (*Strenghts*) descritas na análise SWOT demonstram que o Lemon Bank já se encontra bem posicionado em uma estratégia de enfoque de custos. Entretanto, existe uma fraqueza na geração de suas receitas, que pode ser ameaçada por uma diminuição da tarifa interbancária, cuja decisão ocorre no âmbito das associações de bancos. Isso afetaria a rentabilidade da operação e, uma vez que há uma grande concentração das receitas do Lemon Bank na operação de recebimento de contas, essa fraqueza deve ser endereçada.

Levando esses fatores em consideração, a identificação da oportunidade do Lemon Bank de poder atuar no microcrédito parece ser uma boa alternativa para o desenvolvimento da oferta de um produto e serviço em um nicho de mercado pouco explorado pela iniciativa privada. Porém, o desafio é grande e, pelo que parece, não há ainda uma instituição que tenha conseguido combinar uma operação lucrativa em grande escala no microcrédito. O Lemon Bank, ao desenvolver essa competência e inovar nesse mercado, poderá deter um diferencial competitivo importante que o coloque em posição competitiva privilegiada.

Prahalad e Hamel (1990) definiram competências essenciais como recursos intangíveis que possuem três características importantes:

- em relação a mercados e clientes, são os recursos essenciais para que a empresa possa prover produtos e serviços diferenciados e o benefício seja percebido pelo cliente;
- em relação aos concorrentes, são únicos ou acima da média do mercado;
- em relação ao processo de mudança e evolução da própria empresa, são fatores que determinarão a entrada em mercados futuros, possibilitando a oferta futura de novos produtos ou serviços que serão gerados a partir dessa competência.

Adicionalmente, pode-se considerar que competências essenciais são o conjunto de habilidades e tecnologias que agregam valor à organização. Para o caso do Lemon Bank, a nova competência essencial para a exploração desse novo serviço de microcrédito, gerando valor para a organização, é saber analisar bem os riscos e controlar toda a operação a baixo custo. A necessidade de mudança de paradigma da lógica dominante para um novo modelo foi descrita por Prahalad e um dos pilares da nova competência pode ser absorver a tecnologia de microcrédito.

Parente (2003) argumenta que deve ser empregada uma nova tecnologia ao se considerar o microcrédito, pois o método tradicional de avaliação de riscos dos bancos não é adequado a esse novo tipo de operação. Para citar apenas um exemplo, nas operações tradicionais de crédito, o banco exige garantia real. Quando se fala na população de baixa renda, principalmente aqueles que estão abaixo da linha de pobreza, essas garantias reais, como ativos tangíveis ou comprovação de renda, não são obtidas. Com isso, para ter acesso ao crédito nos canais tradicionais, esse público é forçado a recorrer a agiotas, pagando altas taxas de juro.

O autor compara as diferenças entre a tecnologia de microcrédito e a do crédito tradicional:

Quadro 3.1 Diferenças entre o microcrédito e o crédito tradicional

Microfinanceira	Financeira tradicional
Visa a sustentabilidade.	Visa apenas o lucro.
Prioriza operações de pequena monta.	Prioriza operações de maior vulto.
O crédito é ferramenta de política social.	Não considera as funções sociais do crédito.
Trâmite ágil e com poucas formalidades.	Trâmites longos e burocráticos quando clientes não são correntistas.
Terminologia e atendimento acessíveis à clientela-alvo.	Terminologia e atendimento técnicos.
Enfatiza o desenvolvimento de rede de apoio mútuo entre empreendedores.	Operações individuais e estanques.
Juros refletem os custos operacionais.	Juros e taxas condizentes com infraestrutura pesada e alta tecnologia.
Confiança como ativo social e garantia.	Exigência de garantias reais.
Avaliação do tomador ponderada pelas características do empreendedor, de sua atividade e garantias disponíveis.	Avaliação do tomador ponderada por informações contábeis, planos de negócios e liquidez das garantias.
Instituições procuram o cliente (agentes de crédito).	Cliente procura o banco.
Relação contínua; agente de crédito como elo de ligação permanente entre cliente e instituição.	Transação em fases descontínuas; concessão, acompanhamento, cobrança por diferentes funcionários.

Para realizar todas as atividades do microcrédito, é preciso contar com pessoas que estejam próximas aos clientes, se possível convivendo nas suas comunidades, para que haja a relação contínua entre o agente e o tomador do microcrédito. O primeiro deve fazer o acompanhamento de todo o processo de utilização do empréstimo em uma atividade produtiva e verificar a geração de renda que garantirá a existência de recursos para prover o sustento do microempreendedor e também para saldar as parcelas do empréstimo. Uma atuação com essa proximidade e relacionamento exigiria uma grande quantidade de funcionários, o que inviabilizaria a estratégia genérica de enfoque no custo.

Como uma alternativa para essa atuação, o Lemon Bank poderia se manter com uma estrutura enxuta, desenvolver a competência essencial da tecnologia em microcrédito e se posicionar como um elo importante em todo o sistema de valores dessa operação. Porter (2005) define como sistema de valores a corrente maior de atividades que interliga a cadeia de valor de várias empresas, dos fornecedores até os compradores. Cadeia de valor são todas as atividades inerentes da empresa que contribuem para a criação de valor aos clientes, sejam aquelas diretamente ligadas à cadeia, ou às atividades de suporte. Pressupõe-se que o Lemon Bank já tenha uma operação de baixo custo, portanto o foco não será a avaliação de sua cadeia de valor, mas seu posicionamento estratégico no sistema de valores do setor.

A proposição é a de que o Lemon Bank, ao se especializar na técnica de microcrédito, ensine as técnicas de controle e de relacionamento ao agente de crédito ou ao correspondente bancário. Dessa maneira, o agente de crédito e o correspondente bancário poderão interagir com o pretendente do empréstimo em sua localidade e colher as informações de maneira informal, porém precisa, validando-as com a comunidade e estabelecendo laços de confiança para criar os grupos de autoajuda para serem corresponsáveis morais pelo pagamento.

Ao se estruturar no controle de vários canais de agentes de crédito, o Lemon Bank pode conseguir escala operacional suficiente que lhe permita negociar com os grandes bancos privados a captação de parte dos recursos que estão depositados no Banco Central a custo zero, oferecendo uma pequena remuneração e risco próximo de zero.

Todas essas proposições podem iniciar projetos-piloto em algumas comunidades para que o Lemon Bank teste as hipóteses e desenvolva a competência essencial. A validação dos marcos regulatórios que permitam ao banco assumir essa posição no sistema de valores também é uma necessidade a ser verificada.

Ao incentivar a produção, o Lemon Bank habilita as pessoas a gerarem renda que contribua positivamente com o aumento da autoestima e com a formação de um mercado na base da pirâmide. Essa renda também é um dos pilares que garantem que o tomador do crédito terá recursos para cumprir com o pagamento das parcelas para quitação de sua dívida. Outra vantagem é que, ao estruturar essa operação, o Lemon Bank poderá praticar a taxa de 4% ao mês, o que melhora a possibilidade de êxito.

Podemos, dessa maneira, concluir que é possível aos bancos privados obter lucros sustentáveis ao ofertar produtos financeiros à base da pirâmide e contribuir para a inserção social. Porém, são grandes os desafios para a sua implementação, e o primeiro que conseguir dominar o dilema de enfoque ao custo, escala, atuação em geografias distintas, acesso às populações que não têm renda e redução das taxas de inadimplência, terá uma enorme vantagem competitiva a seu favor.

2.9 *Minimizar os riscos de crédito*

Os referenciais teóricos de Yunus e Parente e a tecnologia em microcrédito trazem aspectos fundamentais para pensar em maneiras de minimizar os riscos de crédito. Os conceitos centrais estão baseados na confiança e no conhecimento das pessoas em suas comunidades. A formação de comunidades solidárias ao crédito e grupos de autoajuda impõe uma condição moral para inibir as pessoas a atrasarem seus pagamentos. A vinculação de que outra pessoa do grupo só receberá um empréstimo se a primeira estiver com seus pagamentos em dia também serve de instrumento de pressão moral para que a inadimplência diminua[12]

A criação de um círculo virtuoso é também instrumento importante na redução da inadimplência. O microempreendedor sabe que precisará de crédito no futuro. Se a pessoa deixar de pagar, sabe que não conseguirá obter novos empréstimos necessários ao giro do seu pequeno negócio e, assim, cessará a sua renda. Portanto, ela se esforçará para efetuar os pagamentos das parcelas nas datas devidas.

No Brasil, o Banco Palmas aplica esses conceitos, porém em uma escala pequena, na comunidade de Palmeiras, no Ceará. É um banco comunitário que presta serviços financeiros solidários, em rede, de natureza associativa e comunitária, voltado para a geração de trabalho e renda na perspectiva da economia solidária. As principais características da operação do Banco Palmas são:

- a própria comunidade é quem decide criar o banco, tornando-se sua gestora e proprietária;
- atuar sempre com uma linha de crédito em reais e outra em moeda social circulante;
- suas linhas de crédito estimulam a criação de uma rede local de produção e consumo;
- o público-alvo é caracterizado pelo alto grau de vulnerabilidade social;
- sua sustentabilidade tem fundamento na obtenção de subsídios justificados pela utilidade social de suas práticas.

O analista de crédito – que é uma pessoa da comunidade – colhe as informações sobre o empreendedor e, por meio de conversas com os vizinhos,

---

[12] Parente (2003).

coleta o perfil cadastral do futuro cliente. A partir dessas informações, pode fazer a análise do risco e decidir sobre a concessão do crédito.

O desempenho da carteira do Banco Palmas, no período entre agosto de 2005 e junho de 2006, foi um exemplo, pois foram concedidos créditos a 240 produtores, num total de 286 operações realizadas, com a incrível marca de 0% de inadimplência. Existe uma fila de produtores esperando por mais crédito. Faltam reservas para poder realizar mais operações. Este seria um bom candidato para que o Lemon Bank iniciasse uma operação-piloto.

2.10 *O microcrédito e as classes C, D e E*

Ao se viabilizar uma operação de microcrédito produtivo em larga escala, é possível permitir a inclusão social de grande parte da população brasileira e iniciar um longo caminho rumo à sonhada eliminação da pobreza extrema no País. Consequentemente, a melhoria da distribuição de renda e das condições socioculturais permite o desenvolvimento de competências essenciais para que o Brasil se posicione com destaque para atrair investimentos externos e capitais. Além, é claro, de incorporar um exército de pessoas ao mercado consumidor.

Entretanto, uma questão ficou latente. Por que o microcrédito, no Brasil, ainda não se tornou uma grande ferramenta para eliminação da pobreza, como se observa no exemplo do Grameen Bank em Bangladesh? Questões culturais impediriam a formação das comunidades solidárias e de grupos de autoajuda ou esses não surtiriam o efeito desejado de diminuir a taxa de inadimplência? O exemplo do Banco Palmas demonstra que essa hipótese não é verdadeira.

A hipótese que parece mais se aproximar de uma resposta à questão que se coloca é a dicotomia entre as políticas públicas. De um lado existem as ações assistencialistas, com programas como o Bolsa Família, que geram uma dependência da população em relação ao Estado. De outro, existem todas as iniciativas para incentivar o microcrédito, porém com efeitos que parecem não atingir as pessoas que mais dele precisam, ou seja, aquelas que vivem abaixo da linha de pobreza.

A pessoa que ganha o Bolsa Família tem algum incentivo para se submeter às condições de precisar gerar renda, por menor que seja, para pagar parcelas de um empréstimo e iniciar uma atividade produtiva, se ela já tem um valor garantido pelo governo? A questão é delicada, porém merecedora de estudo futuro para que se saia do assistencialismo pelo assistencialismo.

Outra questão que merece ser investigada é se a alta regulação das operações de microcrédito, ao estabelecer taxas mensais de 2% ou 4%, não promove o efeito inverso daquele desejado pelos legisladores, que é o de incentivar o crédito às populações de baixa renda. A equação é simples: enquanto a taxa básica da economia brasileira, a taxa Selic, não descer a níveis muito baixos, a diferença entre a Selic e a taxa da operação do microcrédito inviabilizará a operação, deixando os mais pobres entre os pobres sem acesso aos canais formais de crédito.

Equacionadas essas questões e inovando na oferta de serviços e produtos à base da pirâmide, é possível obter lucro sustentável ao trabalhar com a população de baixa renda. É um novo e imenso mercado a ser explorado pelas empresas privadas.

3 Tópicos para Discussão

- Quais são os requisitos considerados fundamentais para a estratégia de um banco dentro de um mercado direcionado para a base da pirâmide?
- De acordo com o texto, quais são os grandes desafios que o Lemon Bank encontra e como o texto sugere enfrentá-los?
- Existe espaço para que o Lemon Bank cresça por meio de fusão e aquisições de outros bancos? Considerando as necessidades de custos, escala e acessibilidade aos mercados populares e o ambiente econômico do País, você considera que fusões e aquisições seriam bem-vindas?
- Que novos serviços bancários tradicionais poderiam ser adaptados de maneira lucrativa para o mercado da base da pirâmide?
- Você concorda com a aplicação do modelo das cinco forças de Porter no setor bancário à luz da atuação do Lemon Bank, que está presente no texto? Suas conclusões seriam as mesmas?
- De que maneira as mudanças macroeconômicas positivas que ocorreram no Brasil nos últimos anos podem ter afetado o mercado de microcréditos? Quais entraves ainda existem para o setor e como o País se beneficiaria de um crescimento na cultura do microcrédito?

Referências bibliográficas

BITTENCOURT, Gilson. *Microfinanças no Brasil*. Recife, V Seminário Banco Central sobre Microfinanças, 2006. Disponível em: <http://www.bcb.gob.br>. Acesso em: 1º nov. 2006.

COMISSÃO Econômica para a América Latina e o Caribe (Cepal), 2003.

COSTA, Fernando Nogueira. Construção. *Revista Espaço Acadêmico*, maio 2003. Disponível em: <http://www.espacoacademico.com.br/024/24ccosta.htm>. Acesso em: 15 out. 2006.

LEMON BANK. Site institucional. Disponível em: <http://www.lemonbank.com.br>. Acesso em: 10 ago 2006.

PAIVA, Ivan. *Banco Popular do Brasil*. Recife, V Seminário Banco Central sobre Microfinanças, 2006. <http://www.bcb.gob.br>. Acesso em 10 out. 2006.

PARENTE, Silvana. *O mercado financeiro e a população de baixa renda*.

POCHMANN, M. *O emprego na globalização*: a nova divisão internacional do trabalho e os caminhos que o Brasil escolheu. São Paulo: Boitempo, 2001.

PORTER, Michael E. *Vantagem competitiva* – criando e sustentando um desempenho superior. São Paulo: Elsevier, 2005.

PRAHALAD, C. K; HAMEL, G. The core competence of the corporation. *Harvard Business Review*, Boston, p. 79-91, 1990.

RIBEIRO, A. P. Governo amplia limites das operações do microcrédito. Brasília, *Folha Online*, 30 nov. 2006. Disponível em: <http://folha.com.br>. Acesso em: 8 dez. 2006.

UNITED NATIONS DEVELOPMENT PROGRAMME. Human development report 2005. New York, 2005. 372 p.

YUNUS, M. *O banqueiro dos pobres*. São Paulo: Ática, 2003.

O projeto *One laptop per child* e a realidade da educação pública no Brasil[13]

O projeto *One laptop per child* (OLPC) propõe fornecer *notebooks* a US$ 100 para países em desenvolvimento, funcionando como uma porta de entrada para o mundo digital nesses países. Muito mais do que um projeto tecnológico, o *One laptop per child* envolve também um aspecto tangível a todos os países que buscam desenvolver-se: a qualidade da educação fundamental.

O *laptop* de baixo custo passaria a ser um instrumento para inclusão social e cultural de crianças e jovens com acesso restrito a recursos financeiros.

No entanto, ao se traçar um perfil da educação básica no País, percebe-se que as necessidades são muito maiores do que um simples *laptop*. Primeiro, a remuneração dos docentes não atende às reais necessidades. Depois, no que se refere aos recursos pedagógicos, em grande parte do território nacional estão disponíveis apenas quadro-negro e giz. Para finalizar, a qualidade do ensino público fundamental é baixa.

---

[13] Elaborado com base em: Anderson de Almeida Gaspar, Fernando Marques de Souza, Roberto Carlos Andrade de Abreu. *O projeto "One laptop per child" e a realidade da educação pública no Brasil*. Orientador: Mauricio J. Queiroz. Trabalho de Conclusão de Curso do Programa MBA Executivo Internacional. Fundação Instituto de Administração, São Paulo, 2006.

Apesar de tais necessidades, o governo federal manifestou apreço pelo projeto OLPC. Seus idealizadores mantiveram contato com o presidente Lula, que não só aceitou a ideia, como instituiu um grupo interministerial para avaliá-la e apresentar um relatório.

A ideia inicial é que seja escolhida uma escola em cada região do Brasil para que se aplique o programa. Como pode parecer, a tecnologia não é o aspecto de maior relevância na redução dos custos, mas sim fatores políticos, econômicos e estruturais. Processos de produção inovadores, evoluções tecnológicas e altíssima escala se encarregariam de baixar os custos.

Apesar do otimismo em torno do projeto, é possível identificar alguns fatores restritivos, como o acesso a conteúdos inadequados por parte dos estudantes, a baixa capacidade de memória da máquina e, principalmente, a escala mínima de 1 milhão de unidades que viabilizaria o projeto.

O próprio MEC concorda que existem problemas a serem enfrentados. Alega que há necessidade de um projeto político, pedagógico e cultural, visando criar a cultura do uso da internet na educação. Ademais, a quantidade mínima de 1 milhão de unidades estaria totalmente fora das necessidades brasileiras.

No âmbito mercadológico, o projeto OLPC apresenta uma barreira para novos entrantes: conseguir uma cadeia de custos inferior à do projeto OLPC parece uma tarefa dificílima.

Deve o Brasil aderir ao projeto OLPC imediatamente? Considerando que o Ministério da Educação já tem uma iniciativa de informatização das escolas públicas, o Proinfo, que visa oferecer acesso ao conhecimento por meio da internet, e que prover acesso a banda larga e maior capacitação dos professores são medidas menos dispendiosas, conclui-se que o projeto OLPC, conforme concebido, não é adequado à realidade atual do ensino público no Brasil.

1 Introdução

À primeira vista, a ideia parece incrível: um *laptop* de US$ 100,00, comprado pelo governo e distribuído entre os alunos de escolas públicas. Mas a realidade da educação brasileira é um pouco mais complexa. No entanto, o projeto abre caminhos para computadores populares que, antes de mais nada, podem promover a inclusão digital da população de baixa renda.

One laptop per child (OLPC) – ou "Um *laptop* por aluno" – é um projeto desenvolvido pela ONG fundada pelo professor Nicholas Negroponte do Massachussets Institute of Technology (MIT). Mais do que um projeto tecnológico, o OLPC toca um aspecto extremamente sensível a todos os países que buscam um maior desenvolvimento: a educação básica. Nesse sentido, um *laptop* de baixo custo passa a ser um instrumento não só de inclusão digital, mas também uma ferramenta para inclusão social e cultural de crianças e jovens com acesso restrito a recursos financeiros.

Isso só é possível por meio do acesso à informação e, para tal, a conexão à rede mundial de computadores, a internet, tem um papel fundamental. Parafraseando o diretor de Infraestrutura Tecnológica do Ministério da Educação, Espartaco Madureira Coelho, "se colocarmos toda a informação do mundo nas mãos das crianças, elas certamente tirarão o pé do barro".

Um reflexo da importância da internet no aprendizado do aluno do Ensino Médio pode ser observado no desempenho na parte objetiva da prova do Enem 2005, na qual, em geral, os participantes que tiveram as melhores notas declararam ter acesso à rede em casa. Levando-se em consideração o conceito de maiores e menores notas – no qual as maiores são iguais ou superiores a 61,90, e as menores iguais ou inferiores a 22,22, em uma escala de 0 a 100 –, expressivos 64,8% daqueles que obtiveram notas iguais ou superiores a 61,90 declararam que têm acesso à rede em suas casas. Já entre as menores notas, apenas 11,3% contam com essa ferramenta. No lado oposto, 82,2% dos participantes com as menores notas não possuem acesso domiciliar à internet, situação em que se encontram 34,1% dos participantes com as maiores notas.

Segundo dados do Censo Escolar da Educação Básica de 2005, das mais de 23 mil escolas de Ensino Médio, 59% possuem computadores com acesso à internet. Quase todas as 161 escolas federais do Brasil possuem computador e 156 delas estão conectadas à internet. Contudo, isso não significa, necessariamente, que o aluno esteja utilizando essa ferramenta na unidade de ensino, nem que o objetivo do uso seja o estudo.

O avanço da tecnologia da informação é uma realidade incontestável. Contudo, não basta ter o acesso. É preciso que o uso da internet seja direcionado à busca por um conhecimento que represente um investimento no futuro. A oferta de equipamentos e conteúdos pedagógicos educacionais para a escola é condição necessária, mas não é o suficiente para se realizar uma verdadeira inclusão digital de nossos jovens.

Assim, para que o projeto OLPC tenha pleno êxito, fica claro que não basta os jovens terem acesso aos *laptops*, mas principalmente à internet.

2 O caso – O projeto *One laptop per child* e a realidade da educação pública no Brasil

2.1 Laptop *de US$ 100,00*

O projeto desenvolvido no MIT, liderado pelo professor Nicholas Negroponte, surge como uma possibilidade de representar uma ruptura na história do sistema educacional em muitos países, inclusive no Brasil. O "*laptop* de US$ 100,00" – forma como também vem sendo chamado o OLPC –, muito além de um projeto tecnológico, é também um projeto educacional.

Esse microcomputador portátil já está desenvolvido, em que pese ainda não se ter atingido a meta de custo de US$ 100,00 por unidade em função principalmente da tela de cristal líquido. Atualmente, o custo deste equipamento seria de US$ 140,00. Não obstante, com o uso de tecnologia de produção em grande escala e, obviamente, com a produção de vários milhões desses equipamentos, tal objetivo poderá ser atingido.

Entretanto, esse é ainda o início do desafio a que o projeto se propõe, na medida em que se trata, na verdade, de um equipamento simples se comparado aos computadores portáteis que existem hoje no mercado. A partir daí, surgem inúmeras questões de ordem conceitual, pedagógica, política, logística e humana. Inicialmente, para que possamos começar a pensar em algumas delas, precisamos mergulhar no universo da educação pública no Brasil.

2.2 Um panorama da educação no Brasil

No tocante aos professores, efetivamente a remuneração não atende às reais necessidades de quem, além do trabalho em sala de aula, prepara as aulas e corrige provas fora delas. Tal fato faz com que os mestres tenham de cumprir jornadas de trabalho duplas e até triplas, diariamente. Segundo a Organização das Nações Unids para a Educação, a Ciência e Cultura, que todos conhecemos como Unesco observando 38 países desenvolvidos ou em desenvolvimento, verifica-se que, no tocante ao salário anual de professores de 1ª a 4ª séries, apenas a Indonésia (US$ 1.624) e o Peru (US$ 4.752) estão em piores condições que o Brasil (US$ 4.818). O Uruguai paga aos seus professores US$ 9.842, a Argentina, US$ 9.857, enquanto na Suíça os professores têm o melhor salário: US$ 33.209.

No que se refere aos recursos pedagógicos, em grande parte do território nacional estão disponíveis apenas quadro-negro e giz. Nos maiores centros, o material didático-pedagógico é mais diversificado, com itens específicos para aulas de História, Geografia, Ciências, Línguas, e mesmo laboratórios de Ciência e Informática em alguns casos. Segundo a Constituição de 1988, a organização do ensino público cabe à União, aos Estados e Municípios, e sua regulamentação é papel da União, por meio do Ministério da Educação. Dessa forma, o uso das ferramentas pedagógicas no sistema público de ensino tem de ser regulamentado por órgãos federais de educação.

O primeiro ponto a destacar é o interesse que o governo federal já manifestou pelo projeto OLPC, muito embora tenhamos inúmeras perguntas ainda sem resposta no sentido de como materializar essa iniciativa. Historicamente, o Brasil sempre investiu pouco na educação pública e é notório que a qualidade do ensino público fundamental é, em geral, baixa. Ainda que haja alguns dados positivos, como a grande redução na taxa de analfabetismo, os formandos do Ensino Fundamental apresentam uma série de carências. Tanto que são comuns os chamados analfabetos funcionais, ou seja, alguém que concluiu o Ensino Fundamental e nem sequer consegue efetuar uma leitura interpretativa. Vale lembrar que no Brasil é considerado alfabetizado quem consegue escrever o próprio nome.

Considerando-se as deficiências que existem em nosso sistema de ensino público fundamental, fica claro que, muito além da carência de infraestrutura física, equipamentos e literatura para que a educação possa ser eficiente, há o desafio a ser superado do enorme despreparo dos professores da rede pública. Entre essas dificuldades, podemos citar o acesso às escolas, a falta de materiais básicos, o convívio com comunidades dominadas pelo crime organizado, além da presença de crianças desnutridas, vítimas de violência e vindas de famílias totalmente desestruturadas, o que obviamente implica dificuldades no aprendizado.

Sabe-se que em diferentes países, e também no Brasil, há divergências quanto ao uso pedagógico da informática. Com certeza, inúmeras questões ainda precisam ser respondidas e é imperativo que, junto com a informatização do ensino, haja um processo eficaz de capacitação dos professores e a eliminação de diversas deficiências do sistema educacional brasileiro. O projeto *One laptop per child* não representa, em sua essência, um desafio tecnológico, e sim um desafio político, econômico, didático e pedagógico.

O potencial de uso da informática nas escolas é ilimitado, principalmente com o advento da internet. O desafio, portanto, é transformar a informação bruta disponível em conhecimento e, principalmente, ensinar a criança e o jovem a fazer uso de todo esse arsenal de informações com o objetivo de desenvolver-se.

2.3 *Um pouco de história*

O projeto do "*laptop* de US$ 100,00" se propõe a ser uma porta de entrada para o mundo digital nos países em desenvolvimento, um dos quais o Brasil. A iniciativa é chefiada por Nicholas Negroponte, fundador do Media-Lab, laboratório de novas tecnologias ligado ao MIT. Atualmente, o custo de produção do *laptop* está estimado em US$ 140,00 por unidade.

A ideia do OLPC foi apresentada ao governo brasileiro por ocasião do Fórum Econômico Mundial em Davos, Suíça, em janeiro de 2005. Em junho do mesmo ano, Nicholas Negroponte, Seymour Papert e Mary Lou Jepsen vieram ao Brasil especialmente para conversar com o presidente Luis Inácio Lula da Silva e expor a ideia com detalhes. O presidente não só aceitou a ideia, como instituiu um grupo interministerial para avaliá-la e apresentar um relatório.

Desde julho de 2005, o grupo instituído – denominado Comitê Gestor – passou a estudar o projeto, ouvindo e debatendo com o MIT, com a academia,

O futuro dos bens populares

com a indústria e com o próprio governo. Essas discussões consolidam as formas de lidar com o projeto nas várias frentes que se formam, de torná-lo politicamente factível e, principalmente, maximizar o seu conteúdo nacional. Em novembro do mesmo ano, um protótipo foi apresentado por Negroponte, em conjunto com Kofi Annan, em Tunis. Nessa ocasião, o secretário-geral da ONU publicamente endossou o projeto, e Negroponte declarou quais eram os países interessados e comprometidos com o projeto: Argentina, Brasil, China, Egito, Índia, Nigéria e Tailândia.

Em março de 2006, Negroponte visitou novamente o Brasil, trazendo um protótipo (com um segundo *design*), e levou consigo a afirmação de que o governo brasileiro continuava comprometido com o projeto. No mês seguinte, Jim Gettys apresentou no FISL7.0, em Porto Alegre, a palestra "The '*One Laptop per Child*' Project". Em sua apresentação, Gettys anunciou que o sistema operacional (Linux) havia sido inicializado com sucesso nos protótipos da primeira geração em testes realizados nos laboratórios do fabricante Quanta Computers, em Taipé. Durante todo o evento, a organização OLPC manteve um *stand* para contatos e demonstrações.

Em maio daquele ano, representantes do Brasil (assim como as forças-tarefa dos demais países lançadores) participaram de uma reunião de dois dias nos escritórios da organização OLPC, em Cambridge. Nessa ocasião, foi apresentado o primeiro protótipo funcional. No primeiro dia, Seymour Papert apresentou seu tema *learning learning*; e no segundo, o tópico principal foi a distribuição do *laptop*. Em julho, aconteceu no Ministério de Ciência e Tecnologia do Brasil uma reunião para discutir e avaliar o programa que pretende ampliar o uso das tecnologias da informação e comunicação na educação brasileira.

Um dos principais pontos discutidos nessa reunião foi o projeto UCA (Um Computador por Aluno) e a sua possível adaptação à realidade brasileira. No encontro foram apresentados estudos técnicos sobre o projeto, produzidos por três instituições de pesquisa: Centro de Pesquisas Renato Archer, Fundação Certi, e Laboratório de Sistemas Integráveis (LSI) da Escola Politécnica da Universidade de São Paulo. Os estudos abordaram temas como preço de *hardware*, *software* educacional e riscos ergométricos. Em novembro de 2006 foi anunciado que o Brasil receberia 50 modelos 2B1 para centros de estudo, utilizados para um projeto-piloto realizado pelo MEC em uma instituição de Ensino Fundamental durante o ano letivo de 2007.

No dia 24 de novembro de 2006, na base aérea de Cumbica em São Paulo, o próprio Nicholas Negroponte, em solenidade oficial, entregou o primeiro equipamento nas mãos do presidente Lula e declarou: "De todos os países, o Brasil me pareceu o mais genuinamente preparado e entusiasmado com o projeto". Em entrevista ao jornal *O Estado de S. Paulo* (2006a), Negroponte declarou:

> Uma empresa normal nunca lançaria um produto no estágio em que estamos. Eles testariam pelo menos mais duas ou três gerações. Estamos ofere-

cendo uma máquina bem instável para termos avaliações rápidas, ao invés de ficarmos postergando [. . .] o impacto de longo prazo com a adoção do projeto será o fim da pobreza em países como o Brasil.

2.4 As restrições do projeto

Apesar do otimismo em torno do projeto, é possível identificar alguns fatores restritivos que podem ser agrupados em fatores de ordem educacional, tecnológica, e financeiro-econômica e logística.

Fatores de ordem educacional

1) Com a possibilidade de acesso à rede mundial de computadores, os alunos podem acessar conteúdos como jogos, diversão, salas de bate-papo e sítios com teor sexual ou pornográfico, desvirtuando, assim, o objetivo pedagógico da ferramenta. Mesmo com os possíveis bloqueios que podem ser implementados a esses tipos de *sites*, é provável que os alunos se distraiam com outros programas sem caráter educacional.
2) Para que uma escola pública possa disponibilizar o *laptop* para seus alunos, é indispensável que ela possua uma infraestrutura mínima com conexão à internet com banda larga. Hoje, dentre as mais de 40 mil escolas públicas brasileiras, menos de 40% possuem esse tipo de conexão.
3) É fundamental que os professores estejam capacitados para ensinar aos alunos com essa nova ferramenta. Atualmente, como na grande maioria das escolas públicas brasileiras a ferramenta dos professores é basicamente o quadro-negro e o giz, existe uma lacuna considerável a ser preenchida na capacitação e treinamento dos professores nesse novo ambiente.

Fatores de ordem tecnológica

1) Tamanho da tela do computador, o que pode dificultar a leitura de textos e visualização de alguns programas.
2) O *laptop* não possui capacidade de armazenamento local (*hard disk*).
3) No caso de regiões onde não haja luz elétrica, o laptop foi projetado para ter autonomia de energia por meio do giro de uma manivela acoplada ao equipamento. Essa manivela deve ser girada a cada intervalo de 30 minutos, o que torna inconveniente o uso nessas condições.[14]

---

[14] É possível que a manivela seja removida nos novos modelos de protótipos.

Fatores de ordem financeiro-econômica e logística

1) Fatores de ordem econômico-financeira: Nicholas Negroponte tem reiterado que o atual valor de US$ 140,00 por *laptop* só será alcançado com uma fabricação mínima de cinco milhões de unidades. O fato é que, até o momento, somente a Nigéria se comprometeu formalmente com a compra desse volume mínimo, o que pode inviabilizar o projeto.

2) Fatores de ordem logística: outro fator que deve ser levado em consideração é que, se os alunos tiverem a permissão da escola para levar seus *laptops* para casa, em algumas localidades o risco de roubo dos computadores e, até mesmo, à integridade física dos alunos será grande.

2.5 *A tecnologia e o sistema educacional brasileiro*

Existem várias condições mínimas necessárias para que o projeto da OLPC seja viável, considerando-se a realidade da educação pública no Brasil. E muitas delas ainda são questões sem resposta. Inicialmente, cabe mencionar que o Ministério da Educação já desenvolve o Proinfo, projeto de informatização de escolas públicas em todo o Brasil, por meio da implantação de laboratórios de informática com acesso à internet em banda larga. Além disso, provê conteúdo via portal para que professores e alunos usufruam de conhecimento estruturado para fins educacionais e pedagógicos.

O MEC está propondo o desenvolvimento de projetos-piloto em grupos de cinco a dez escolas, com várias soluções para o uso intensivo e móvel da informática para fins educacionais. Serão testadas todas as soluções que o mercado oferecer, nos moldes do que já vem sendo feito também por algumas escolas da Fundação Bradesco. A tecnologia do projeto da OLPC não será a única avaliada, o Ministério já está testando computadores portáteis Classmate PC da Intel em uma escola de Campinas e espera também avaliar o Móbile, de tecnologia indiana.

Existe, portanto, segundo Espartaco Coelho, uma oportunidade para o *laptop* de Negroponte dentro de um programa de avaliação paulatina e gradual, com o uso de microcomputadores no processo educacional, o que deverá universalizar o acesso dos estudantes à internet, com o objetivo de se conectar e trocar conhecimento. Dessa forma, o grande direcionador dessa iniciativa é trazer o conhecimento digitalizado para o sistema de educação público fundamental e médio, o que representará um salto qualitativo no aprendizado. Portanto, ressalta-se que o grande objetivo do MEC não é dar um *laptop* para cada criança, mas, sim, o acesso à internet com banda larga a todas as escolas públicas do Brasil.

Assim, para a seleção das escolas do projeto-piloto foram definidos alguns pré-requisitos, entre eles:

- infraestrutura básica necessária, ou seja, acesso à internet com banda larga;

- cultura voltada para o uso da tecnologia;
- professores e direção simpáticos ao projeto;
- professores capacitados para utilização dos recursos oferecidos;
- doação de equipamentos e tecnologia.

Vale ressaltar que, para a viabilidade do projeto, é necessário o acesso à rede *wi-mesh*,[15] o que demanda um servidor para cada 200 a 300 usuários. Também é importante lembrar que, nos dez anos de existência do projeto Proinfo, foram criados cerca de 200 laboratórios de informática e que esse projeto está sendo feito em parceria com o Ministério das Comunicações, na medida em que exige o acesso com banda larga à internet.

A ideia inicial é que seja escolhida uma escola em cada região do Brasil, por indicação da Secretaria Estadual de Educação dos respectivos estados, seguindo os pré-requisitos tecnicos e pedagógicos acima mencionados. Com essa primeira experiência, o MEC pretende medir o impacto no avanço do aprendizado em Matemática e Ciências das crianças que tiverem acesso à nova ferramenta.

Fica claro, então, que a proposta do Ministério da Educação é a avaliação de alternativas, e não a distribuição massiva de *laptops*, o que, segundo Espartaco Coelho, é uma utopia de ótima intenção de Negroponte. A proposta do MEC é estabelecer parcerias com estados, municípios e com a iniciativa privada, para montar laboratórios de informática em escolas do ensino público fundamental e médio. Os objetivos, no tocante à informatização das escolas públicas, incluem oferecer acesso à internet, criar conteúdos educativos e pedagógicos, proporcionar a troca de experiências e conhecimento, bem como a melhoria do ensino, particularmente em Matemática e Ciências, via o acesso aos portais da internet, seus conteúdos e aplicativos específicos.

Ainda segundo a visão do MEC, não se justificariam gastos de US$ 140 milhões na compra de 1 milhão de *laptops*. Além disso, seria necessária um projeto político, pedagógico e cultural para implantação massiva do uso do *laptop* nas escolas, visando criar a cultura do uso da tecnologia da informação e da internet na educação, o que implicaria elevar a capacitação de professores e prover as escolas de infraestrutura e acesso à internet com banda larga.

Outras questões básicas ainda não têm resposta. O aluno poderia levar o equipamento para casa e correr o risco de tê-lo roubado e de ter sua integridade física ameaçada? No piloto feito em escolas da Fundação Bradesco, depois do uso dentro da escola, os equipamentos são trancados a chave, em armários.

---

[15] Rede de comunicação de dados sem fio em que cada dispositivo atua como transmissor e receptor de informações.

2.6 *As características do* laptop

Quando lemos notícias referentes a esse projeto, como a afirmativa de que o valor atual do *laptop* é de aproximadamente US$ 140,00, é importante observar que esse custo é para o equipamento produzido na China, considerando-se uma escala de produção industrial de cerca de 5 milhões de unidades. Ou seja, para avaliar o custo do equipamento em uma escola no Brasil, hoje, teríamos necessariamente de considerar:

- impostos de importação;
- logística de transporte e distribuição;
- custos relativos a serviços de manutenção do *hardware* e treinamento dos professores;
- compra de uma grande quantidade que viabilizasse a produção em escala industrial.

Assim, chegamos à conclusão de que a tecnologia não é o aspecto mais importante na redução do investimento necessário no projeto, mas sim fatores políticos, econômicos e estruturais.

Todos os testes conduzidos pelo Laboratório de Sistemas Integráveis da Escola Politécnica da Universidade de São Paulo, a cargo da professora Roseli de Deus Lopes, foram realizados com uma placa-mãe conectada aos periféricos de mercado. De acordo com esses testes, a máquina apresenta bom desempenho na hora de rodar uma versão "*light*" do sistema operacional Linux e aplicativos educacionais, como editores de texto, *softwares* de criação colaborativa e programas que permitem navegar na internet.

Em relação à realidade tecnológica do projeto, a professora Roseli tem uma posição diferente da de Espartaco Coelho, do MEC. Enquanto para a professora do LSI "o *hardware* que será utilizado no *laptop* de US$ 100,00 já é uma realidade".

De qualquer maneira, com os testes realizados pela equipe do LSI com o protótipo da placa-mãe, algumas conclusões puderam ser tiradas. Uma das características mais importantes para o projeto é o consumo de energia do processador. O chip da AMD exige pouca energia para funcionar, fato positivo por não gerar muito calor, mantendo o rendimento do equipamento estável.

Outra característica que surpreendeu os avaliadores foi a forma como a placa-mãe coordena as funções de comunicação: ela mantém o fornecimento de energia para as antenas de redes *Wi-Fi* mesmo se o computador estiver desligado, para que elas continuem ativas, fazendo com que cada *laptop* funcione como uma "ponte" para que outros micros possam se comunicar com um ponto de acesso à internet.

O projeto prevê que, quando pronto, o *laptop* terá uma tela de cristal líquido (LCD) de sete polegadas, com resolução de 640x480 pixels, e que poderá ser usada até sob a luz do dia. Hoje, essa tela de LCD é uma das barreiras para que o custo do micro chegue aos US$ 100,00 estipulados pelo projeto.

Roseli Lopes explica:

> Muitas pessoas cometem um grande equívoco ao criticar o projeto. É que elas comparam o *laptop* de US$ 100,00 aos *laptops* de mercado, usados por executivos e que, por falta de uma plataforma consistente, acabaram sendo incorporados por estudantes nos países desenvolvidos e em classes mais favorecidas. (*O Estado de S. Paulo*, 2006a)

Para ela, falar de inclusão digital e social implica explorar uma plataforma nova, com limites, mas também com novas possibilidades. Se elas serão exploradas ou não pelo governo brasileiro ou por outros países, é cedo para dizer.

2.7 Programas e conteúdo didático

Por meio da conexão à internet, as possibilidades de uso do *laptop* e acesso a conteúdo são praticamente infinitas. Por exemplo, acesso público a bibliotecas virtuais, com obras de praticamente todos os autores brasileiros e portugueses, como Machado de Assis, Fernando Pessoa, Eça de Queiroz, hinos nacionais, mais de 500 vídeos educacionais, mapas, imagens e cursos de línguas *online* (Francês e Espanhol).

O time de desenvolvimento da OLPC também está realizando algumas parcerias para desenvolvimento de conteúdo. Vale citar a que está sendo feita com o Google na área de Geografia, utilizando como base a tecnologia Google Earth. Outra novidade do projeto é a criação da plataforma Sugar, um misto de sistema operacional e suíte de aplicativos educacionais que usa o conceito de "abas" para permitir diversas aplicações de comunicação e colaboração. Roseli Lopes destaca: "Essa foi uma surpresa no projeto, o que os fez inclusive rever algumas posições iniciais sobre o uso do laptop. A plataforma atua de um jeito tal, que seria possível criar novas ferramentas colaborativas" (*O Estado de S. Paulo*, 2006a).

Seria possível pensar numa ferramenta de educação musical em que todos os alunos de uma sala de aula poderiam trabalhar conjuntamente na composição de uma mesma música, ficando cada um responsável por um trecho da partitura. "Cada aluno poderia fazer sua parte, sem interferir nas demais, podendo ouvir em seu micro o resultado final da composição coletiva" (*O Estado de S. Paulo*, 2006a).

Para ela, essa possibilidade técnica abre novas formas de "protagonismo" para os usuários do *laptop*. "Um de nossos comentários feitos ao Ministério da Educação e Cultura é de que o portátil poderia ser usado como mais do que uma simples ferramenta de apoio a ações pedagógicas" (*O Estado de S. Paulo*, 2006a).

O futuro dos bens populares

2.8 *Os custos do projeto*

Nicholas Negroponte declarou em reiteradas ocasiões que o projeto do *laptop* de US$ 100,00 só começaria quando houvesse uma encomenda mínima de 5 milhões de aparelhos, e que o pedido mínimo dos países interessados deveria ser de 1 milhão de *laptops*. Dessa forma, cada país deveria alocar em seu orçamento um mínimo de US$ 140 milhões, além dos diversos outros custos associados ao projeto, como taxas de importação dos produtos, transporte, seguro, distribuição interna e manutenção das máquinas.

Embora o Brasil tenha se comprometido a iniciar o projeto, segundo Espartaco Madureira Coelho, não há uma alocação de verba dessa magnitude no orçamento da União. A escala de 1 milhão só se justifica economicamente, política e estruturalmente após um projeto-piloto bem-sucedido.

2.9 *O mercado e o projeto OLPC*

O projeto liderado pelo professor Negroponte desenhou uma cadeia básica de suprimentos para o projeto OLPC, cadeia esta que busca minimizar custos em escala global, buscando as fontes de suprimentos mais eficazes nesse quesito. Na medida em que o equipamento em questão não usa tecnologias novas e busca massificação, o que deverá baixar o custo são processos de produção inovadores e suas respectivas evoluções tecnológicas, além de, obviamente, altíssima escala.

Analisando-se as opções de fornecimento existentes em escala global, fica claro que o mercado asiático tem as melhores condições para esse tipo de suprimento. O grande poder de barganha junto aos fornecedores é uma das premissas básicas do projeto, ou seja, escala. Por isso é que os países integrantes teriam de partir de um pedido mínimo de 1 milhão de unidades, sendo que a viabilidade do projeto se daria com um lote inicial de 5 milhões de unidades. Considerando-se que a demanda global de *laptops* em 2005 foi de alguns milhões de unidades, pode-se considerar que 5 milhões é um volume significativo, o que proporcionaria um razoável poder de barganha junto aos fornecedores.

Vale lembrar que, naturalmente, os grandes *players* globais que dominam o mercado de tecnologia da informação, como Intel e Microsoft, não têm interesse em fomentar a iniciativa do professor Negroponte. Pelo contrário, tentarão obstruir ou mesmo competir com projetos como o OLPC. Outro fator a se considerar é que também alguns países, como a Índia, têm como interesse estratégico o desenvolvimento da indústria de TI e de seu mercado local, reservado à sua própria indústria.

Outro ponto importante é o impacto de imagem corporativa para um fornecedor desse projeto. Além disso, a capacidade instalada do setor atualmente apresenta ociosidade, o que significa mais uma oportunidade e um fator a menos de risco. Considerando-se o sucesso do projeto, outros grandes pedidos viriam, o que, para os fornecedores já engajados no projeto, poderia significar um mercado emergente para vários anos. Dessa forma, no tocante ao fornecimento, o projeto conta com vários pontos positivos, que, no médio prazo, devem favorecer a melhoria da qualidade dos equipamentos e a redução dos custos. Assim sendo, fornecedores representam um baixo risco.

Ao analisar os clientes do projeto, vale lembrar a teoria de marketing proposta por Kotler, no livro *Administração de Marketing* (2000). A compra de um *laptop* como esse é estratégica, e envolve inúmeros participantes:

- iniciadores: órgãos de educação pública;
- decisores: governos dos países em desenvolvimento;
- usuários: crianças e adolescentes dos países em questão;
- influenciadores: sociedade e professores.

Todos esses atores são clientes, sendo as crianças os beneficiários finais, mas praticamente sem nenhum poder de decisão ou influência. Da lista de países inicialmente delineada pelo MIT, somente a Nigéria comprometeu-se até o momento a fazer o pedido mínimo de 1 milhão de unidades. A Índia, um dos principais países-foco da OLPC, por meio de seu ministro da Educação, oficialmente declinou sua participação, alegando que o montante de recursos seria mais bem investido na capacitação de seus professores. Dos demais países-foco, incluindo o Brasil, ainda não há uma definição.

Obviamente, o projeto da OLPC não tem fins lucrativos, porém pode-se dizer que há um mercado emergente astronômico para o *laptop*. Ou seja, se pensarmos em um *laptop* popular de US$ 100,00 que pudesse ser vendido como um produto eletrônico de consumo, usando-se para tal todas as ferramentas de marketing disponíveis, haveria a possibilidade de venda de bilhões desses equipamentos em todo o mundo. Considerando-se somente o escopo inicial da OLPC, temos como clientes decisores os governos dos países-foco, o que implica decisões de compra bastante centralizadas e dependentes de fatores políticos, que, em alguns casos, são difíceis de prever. Dessa forma, pode-se considerar um risco.

Já se fala que Negroponte e sua equipe criaram um novo mercado. De fato, despertaram no setor a preocupação com o impacto que este projeto, se bem-sucedido, teria a médio e longo prazos. O primeiro e imediato seria dos consumidores que não necessitam dos *laptops* hoje ofertados ao mercado, com recursos que muitos usuários não necessitam e que custam cinco a seis vezes mais. A pergunta natural desse público seria: "Por que eu também não posso comprar um *laptop* mais simples e barato?". Assim sendo, a indústria já começa a pensar em oferecer opções de equipamentos para esses consumidores, como uma alternativa ao *laptop* do MIT.

Já estão sendo testados dois protótipos equivalentes ao *laptop* do MIT: um da Mobile (empresa indiana) e outro da parceria entre Intel e Microsoft.

Esses dois últimos particularmente estão bastante preocupados, pois a OLPC usa o *software* livre Linux e não utiliza processador Intel. Imaginemos que o projeto da OLPC seja um sucesso e que nas próximas décadas milhões de crianças e adolescentes passem a ser seus usuários: a Intel e a Microsoft manteriam sua liderança de mercado? Dessa forma, certamente os grandes *players* do setor devem apresentar alternativas ao *laptop* do MIT, provavelmente sem ganho econômico-financeiro, porém como um movimento estratégico para proteção de seus mercados a médio e longo prazos. Vale ressaltar também que um possível substituto para o *laptop* seja um *desktop* (dispositivo não móvel) de baixo custo, pois o *laptop* só faria sentido se as crianças pudessem levá-lo para casa, o que ainda está em discussão.

A partir de tudo o que foi discutido, é fácil perceber que o projeto da OLPC apresenta uma barreira para novos entrantes: conseguir uma cadeia de custos inferior à do projeto OLPC. Segundo o próprio Nicholas Negroponte, o aumento da escala e o desenvolvimento de novas tecnologias naturalmente reduzirão o custo do equipamento, contando-se também obviamente com a curva aprendizado. Negroponte acredita que, em breve, o custo do equipamento poderia chegar a US$ 50,00. A questão para os entrantes seria conseguir essas reduções de custo antes dos fornecedores do projeto OLPC, e oferecer uma opção de equipamento equivalente a um custo mais baixo.

Vale lembrar que, sendo uma iniciativa de economia de mercado, o investimento teria de ser pago e os acionistas, remunerados. Dessa forma, no curto prazo o risco é baixo.

Conforme já comentado, concorrentes de peso como Intel e Microsoft já se articularam para apresentar soluções alternativas, bem como empresas menores como a indiana Mobile. Consideradas as oportunidades de mercado de um *laptop* de recursos básicos a um preço baixíssimo, e o próprio sucesso do OLPC, bem como o destaque que a mídia vem dando ao projeto, haverá concorrência.

Para os maiores *players*, a grande questão não está em entrar nesse mercado vendo-o como um nicho de oportunidades de grande lucro, mas sim como um movimento estratégico para protegerem suas posições de liderança no médio e longo prazo. Para pequenos *players*, que podem operar a baixíssimo custo, esse mercado pode representar uma oportunidade, particularmente em países emergentes onde a demanda por produtos populares é alta e reprimida. Além disso, pensando-se no fornecimento aos governos desses países, *players* locais poderiam ter algumas facilidades que um vendedor internacional não teria em virtude de fatores culturais. A médio prazo, a concorrência pode ser um risco ao projeto da OLPC.

3 Conclusão – Cenários possíveis para a educação pública no Brasil

Num primeiro cenário possível, teríamos um ciclo de desenvolvimento para o País, com investimento em infraestrutura básica, variáveis macroeconômicas favoráveis, manutenção da onda de crescimento mundial, melhora nos índices sociais e sucesso de parcerias público-privadas.

Essa conjunção de fatores positivos nos levaria a uma melhora significativa da qualidade da educação pública no Brasil, por meio de crescimento econômico, professores mais capacitados, distribuição de renda e, por fim, uma melhora de infraestrutura tecnológica nas instituições de ensino.

Num segundo cenário, mais pessimista, o País viveria um ciclo negativo, com uma alta de inflação e juros, fuga de capital estrangeiro, piora dos índices sociais, formação de mão de obra desqualificada, sociedade à margem dos acontecimentos, ausência de investimentos em infraestrutura e exclusão digital.

Essa conjunção de fatores negativos nos levaria a uma estagnação ou mesmo degradação da qualidade da educação pública no Brasil, por meio de concentração de renda, crise econômica, falta de profissionais capacitados e ausência de infraestrutura tecnológica.

Levando todos esses fatores em consideração, deve o Brasil aderir ao projeto OLPC imediatamente? Para responder esta pergunta é fundamental analisar todas as variáveis pertinentes ao projeto de Negroponte no contexto da realidade brasileira. Nessa análise, destacamos alguns pontos, tratados a seguir.

O Ministério da Educação já tem uma iniciativa em andamento de informatização das escolas públicas, o Proinfo, que visa oferecer acesso ao conhecimento por meio de internet, aplicativos e conteúdos específicos em *sites* pedagógicos educacionais. Nesse contexto, a massificação do uso intensivo móvel da ferramenta da OLPC não é uma prioridade e sim uma possibilidade a ser testada como piloto para futuros novos projetos. Vale lembrar que o Proinfo é um projeto do MEC em parceria com o Ministério das Comunicações para prover acesso à internet via banda larga às escolas públicas e implantação de laboratórios de informática.

Para que o projeto da OLPC seja viável, todas as escolas que recebessem os equipamentos precisariam já estar conectadas à internet com banda larga. Hoje, temos no Brasil um número reduzido de escolas nessas condições. Na grande maioria das escolas públicas brasileiras não há uma cultura do uso de informática e internet para fins educativos. Teríamos de desenvolver um projeto político-pedagógico para capacitação de professores para usar a tecnologia da informação como ferramenta didática e uma cultura própria envolvendo todo ambiente escolar.

O investimento inicial – que hoje seria bem superior a US$ 140 milhões para a compra de 1 milhão de equipamentos – não seria justificável, pois esse montante de equipamentos seria suficiente para apenas 2% do universo de 55 milhões de estudantes do ensino publico médio e fundamental. Por outro lado, gastando-se significativamente menos seria possível prover acesso banda larga às escolas, bem como proporcionar maior capacitação dos professores.

Considerando-se que na grande maioria das escolas públicas seria inviável permitir que os alunos levassem o *laptop* para casa, a pergunta natural que surge é: por que não usar *desktops* muito mais baratos ou que poderiam ser obtidos por meio de doações de empresas privadas e em parcerias público-privadas?

Dessa forma, concluímos que o projeto da OLPC, conforme concebido hoje, não é adequado à realidade atual do ensino público no Brasil. Acreditamos, sim, ser fundamental o processo de informatização das escolas e o acesso banda larga à internet, bem como a criação de portais pedagógicos educativos com conteúdos relevantes a alunos e professores, além de aplicativos específicos para o ensino das diversas disciplinas.

O interesse mostrado pela Presidência da República pelo projeto deve realmente estar alinhado com a estratégia já desenhada pelo Ministério da Educação, sob o risco de, por uma boa causa, fracassar em sua implantação e desperdiçar um expressivo volume de recursos.

4 Tópicos para Discussão

- Em que sentido "a oferta de equipamentos e de conteúdos pedagógicos educacionais para a escola é condição necessária, mas não é o suficiente para se realizar uma verdadeira inclusão digital de nossos jovens"?
- Quais são as deficiências, apontadas pelo texto, do ensino público brasileiro? De que maneira elas prejudicam o projeto OLPC?
- "O projeto *One laptop per child* não representa em sua essência um desafio tecnológico e sim um desafio político, econômico, didático e pedagógico."

    Comente a afirmação acima.
- De acordo com o texto, quais são as restrições educacionais, tecnológicas, econômico-financeiras e logísticas ao OLPC que foram levantadas?
- Negroponte afirma que o preço de US$ 100,00 não é o que realmente inviabiliza o projeto. O que levaria os custos de produção a atingir esse patamar? Quais seriam os verdadeiros entraves ao projeto?
- Quais seriam as condições que viabilizam entrantes no mercado de *laptops* baratos? Por que, a médio prazo, a concorrência pode ser um risco ao projeto OLPC?

Referências bibliográficas

O ESTADO DE S. PAULO – *Entrevista com a professora Roseli de Deus Lopes, professora-assistente do LSI da Escola Politécnica da Universidade de São Paulo e uma das encarregadas da análise tecnológica do projeto OLPC*. São Paulo, 17 jul. 2006a.

O ESTADO DE S. PAULO – *Laptops* podem acabar com a pobreza. *Entrevista com o professor Nicholas Negroponte* realizada por Renato Cruz. São Paulo, 26 nov. 2006b.

GHEMAWAT, P. Distance still matters: the hard reality of global expansion. *Harvard Business Review*, Cambridge, 2001.

KOTLER, P. *Administração de marketing*. São Paulo: Prentice Hall, 2000.

MINTZBERG, H.; QUINN, J. B. *O processo da estratégia*. Porto Alegre: Bookman, 2001.

COELHO, Espartaco. *Entrevista com Espartaco Coelho, diretor de Infraestrutura Tecnológica do Ministério da Educação*. Entrevistadores: Gaspar, A. A.; Souza, F. M.; de Abreu, R. C. A. Entrevista concedida aos autores. 2006.

Conclusão Capítulo 3

As conjunturas apresentadas por países em desenvolvimento, como o Brasil, oferecem oportunidades de crescimento para empresas, principalmente no mercado de bens populares. Nesse contexto, os casos Lemon Bank e OLPC mostram nichos a serem explorados nesse mercado, como o microcrédito e laptops para pessoas de baixa renda. Tais iniciativas convergem não só para o crescimento e para o lucro, mas também para a inclusã e o desenvolvimento social, promovendo, dessa forma, o crescimento do País.

Considerações finais

Estratégia de internacionalização para mercados populares internacionais

A crescente integração mundial no processo de globalização é facilitada por progressos tecnológicos nos sistemas de transporte e comunicações e pela queda das barreiras econômicas e financeiras entre países, com forte ampliação do fluxo de capitais. Temos assistido a um crescimento sustentado no comércio internacional de cerca de 7% ao ano, ao longo dos últimos 20 anos, a despeito de guerras, modificações geopolíticas e disputas comerciais importantes nesse período.

O processo de globalização, com a modernização das economias e a inclusão crescente dos países periféricos na economia produtiva moderna, deve levar a um uso mais eficiente dos recursos naturais e humanos em escala global, o que, por sua vez, deveria resultar em bem-estar crescente no mundo. No entanto, a assimetria entre as nações, resultado das diferenças entre o padrão de vida dos países ricos e o dos pobres, continuará a gerar tensões internacionais durante as próximas décadas, e os desafios da conservação do meio ambiente, da escassez de água, de energia e de outros recursos importantes irão gerar, cada vez mais, tensões internacionais de diversas naturezas, assim como exigirão mecanismos melhores e mais amplos de governança e regulação mundialmente.

Nesse contexto, o Brasil deverá desenvolver políticas públicas capazes de responder ao desafio da inserção competitiva no cenário internacional ao mesmo tempo em que promove um processo de inclusão social, aprimorando a qualidade de vida da população como um todo.

Ao se considerar a estratégia para o futuro do País, um aspecto importante é o das tendências de crescimento da população mundial. Hoje, o mundo tem cerca de 6,3 bilhões de habitantes, sendo que aproximadamente 63% encontram-se em grandes países em desenvolvimento, com mais de 50 milhões de habitantes em cada um deles. As previsões indicam que 95% do crescimento da população mundial ocorram exatamente nos países em desenvolvimento, de modo que em 2025 o mundo estará comportando cerca de 7,9 bilhões de pessoas. Uma implicação imediata no comércio de alimentos é de um crescimento importante da demanda mundial por grãos nas próximas duas décadas e, a princípio, um crescimento superior a isso em relação ao consumo de proteínas de origem animal, que aumenta à medida que evolui a renda *per capita* nos países em desenvolvimento. Em inúmeros países da África e da Ásia, as colheitas não têm acompanhado a demanda e, só na China, houve redução de 53 milhões de toneladas na produção de grãos em 2001-2002, em razão de dificuldades climáticas, limitação de área arável e falta de recursos hídricos (WORLDWATCH INSTITUTE, 2002).

Vemos, portanto, que num horizonte de 20 a 25 anos, o mundo ainda será caracterizado por significativas diferenças de renda e de padrões de consumo, e a disputa por fatores críticos para a produção, consumo e bem-estar continuará a gerar demandas ainda não plenamente atendidas. Para enfrentar esse mundo do futuro, o Brasil possui vantagens competitivas importantes (recursos naturais e humanos, infraestrutura básica, conhecimento tecnológico e competências empresariais), que, no entanto, precisam ser mais bem mobilizadas por meio de políticas para o desenvolvimento econômico e social, com o uso racional dos recursos escassos de que dispomos.

Outra característica nacional marcante que pode e deve ser utilizada como um ponto essencial de apoio à estratégia nacional é a colaboração multilateral, que o Brasil vem assumindo cada vez mais no contexto de integração sul-americana e nas relações entre países emergentes, agindo como coordenador de interesses do bloco dos países em desenvolvimento, sem apresentar ações com qualquer interesse hegemônico.

As ações estratégicas brasileiras devem promover a inclusão social e econômica, reduzindo as desigualdades regionais e pessoais. Para tanto, é necessário assegurar um crescimento estável, juntamente com uma atuação mais eficiente do setor público no fornecimento de serviços essenciais e de infraestrutura. Algumas diretrizes que podem orientar as ações fundamentais para concretizar estes objetivos são:

- melhorar a qualidade de vida da população e o acesso a serviços públicos e emprego, no meio rural e nas cidades de pequeno e médio porte, reduzindo a pressão migratória sobre as grandes metrópoles;
- eliminar a pobreza absoluta, integrando apoio emergencial, educação e capacitação para o trabalho;
- apoio técnico e financeiro à inclusão econômica.

Essas medidas estimularão o surgimento de um grande mercado de consumo de massa, resultante das políticas de distribuição de renda, geração de emprego e inclusão social, criando oportunidades para o crescimento das empresas nacionais. O Brasil deve tornar-se o maior produtor agroindustrial do mundo, atendendo plenamente ao mercado interno e sendo o maior exportador mundial de alimentos e produtos agroindustriais com valor agregado.

Para que o País se diferencie e cresça de forma sustentável, será necessário desenvolver a competitividade internacional das empresas brasileiras, ampliando as exportações de produtos industrializados de alto valor agregado, com investimento contínuo em infraestrutura, capacidade produtiva, tecnologia e recursos humanos. Parte desse esforço obriga à integração das pequenas e médias empresas nacionais em arranjos produtivos locais fortemente articulados e competitivos na exportação, o que contribuirá enormemente para a geração de empregos.

O setor público precisa ampliar tanto sua eficiência como sua eficácia, com melhoria e expansão significativa dos serviços e da infraestrutura econômica, e, com transparência, participação da sociedade e estabilidade de políticas, criando um ambiente propício para a atração de investimentos. É necessário realizar o aprimoramento do capital humano, investir em tecnologias modernas de governo eletrônico (*e-government*) e multiplicar as parcerias público-privadas em setores cabíveis. Deve-se enfatizar o desenvolvimento da infraestrutura de educação, habitação, saneamento, saúde, telecomunicações, transportes e energia, com padrões internacionalmente competitivos e acesso universal da população.

Uma ação essencial é prover educação de nível fundamental e média de qualidade, recorrendo ao uso disseminado de novos recursos de ensino a distância, para ganhos abrangentes de qualidade. Para a capacitação competitiva e o desenvolvimento efetivo do rico potencial multicultural da nação brasileira, torna-se imprescindível proporcionar amplo acesso da população à educação de nível superior. O conhecimento científico e técnico é o alicerce para uma nova etapa de crescimento, inovação e competitividade da economia brasileira. A tradução do conhecimento científico em benefícios efetivos para a população e para a economia se dá mediante a integração universidade–pesquisa–empresa e deve ocorrer em ritmo cada vez mais acelerado no mundo moderno. As políticas públicas têm um papel fundamental no apoio à disseminação eficaz da informação e do conhecimento nos contextos social, educacional, científico, tecnológico e empresarial, do mesmo modo que na promoção da inclusão digital e da universalização do acesso à telecomunicação de alto desempenho.

Uma iniciativa que daria destaque ao País seria a implantação de um modelo pioneiro de desenvolvimento harmonizado com o meio ambiente, com base no conceito de sustentabilidade global, considerando os fatores ambientais, ecológicos, sociais, público-institucionais e econômicos necessários ao desenvolvimento sustentável em longo prazo. A busca de sustentabilidade deve ser vista como uma oportunidade de reduzir os custos globais do desenvolvimento, gerando modelos inovadores de atuação com produtos e serviços passíveis de aplicação em diferentes países.

Considerando a alta taxa de urbanização do Brasil e da América Latina, o aprimoramento do planejamento e da gestão da infraestrutura urbana deve ser prioritário no tratamento, armazenamento e distribuição de águas para abastecimento; no gerenciamento de resíduos sólidos residenciais e industriais (tratamento e reciclagem) e na infraestrutura de transportes. Há grandes avanços a serem obtidos por meio de investimentos estruturados e abrangentes para aumentar a eficiência e a competitividade das regiões metropolitanas. Estudos apontam, por exemplo, que apenas na região metropolitana da Grande São Paulo o congestionamento urbano gera perdas da ordem de US$ 10 bilhões por ano e que investimentos no sistema de metrô geram retornos sociais altíssimos, que precisam ser realizados.

Vimos que os desafios da atuação das empresas em mercados de bens populares são grandes. As empresas devem inovar e mostrar competência, eficiência, disciplina, organizações enxutas, rigor na gestão de custos e investimento permanente em ativos produtivos atualizados.

Por outro lado, os mercados de bens populares representam uma excelente oportunidade de crescer e lucrar. Os conceitos e os casos que apresentamos neste livro mostram como diferentes empresas brasileiras enfrentam esse desafio, com criatividade, competência e sucesso.